VOICEYE
voiceye.com

김양호박사의 성공바이블 _생각편

성공하는 사람은 생각이 다르다

한국언어문화원장 김양호 지음

BF북스
BARRIER FREE BOOKS

글을 시작하며,

지금은 성공 대중화의 시대

동서고금을 통틀어 '성공成功'이란 단어처럼 사람의 마음을 사로잡는 말도 없을 것이다. 성공은 노력하는 사람만이 얻고 누릴 수 있는 최대영광이기 때문이다.

성공이란 '뜻한 바를 이룸'과 '사회적 지위를 얻음'을 말하는 것으로, 다시 말해 소원을 성취하는 '주관적 성공'과 입신양명을 이루는 '객관적 성공'을 뜻한다.

여기서 문제가 되는 것은 객관적 성공이다. 주관적 성공은 자기 만족에 해당하기 때문에 누구나 마음먹기에 따라서 얼마든지 이룰 수 있다. 그러나 객관적 성공은 타인들이 인정해야 하는 상대적인 것이기 때문에 끊임없는 경쟁에서 승리자가 되지 않으면 안 된다.

당신은 지금 어떤 성공을 바라고 있는가? 당신이 바라는 성공은 과연 이루어질 수 있는 것인가? 그 성공을 위해서 당신은 지금 어떤 방법으로, 얼마만큼의 노력을 쏟고 있는가? 물론 당신이 진정으로 원하는 성공은 '뜻했던 바를 이루고' '사회적 지위를 얻는' 완전한 성공일 것이다.

그렇다면, 먼저 생각하라. 그리고 야망을 품어라! 당신이 가진 환경이나 신분을 떠나 남몰래 간직해 둔 큰 희망이 있어야 발전하고 바라는 바를 이룬다. 희망은 성공의 씨앗이며, 이 씨앗이 클수록 큰 성공을 거둘 확률이 높기 때문이다.

현대사회는 과거와 다르다. 옛날에는 양반계급이나 특별한 가문 등 일부 특권층만이 성공을 거둘 수 있었다. 그러나 오늘날에는 누구든지 큰 뜻을 품고 열심히 노력하면 그 무엇도 제한을 받지 않고 성공할 수 있는 성공 대중화의 시대가 활짝 펼쳐졌다.

우리 주위에서 성공한 사람을 한번 살펴보자.

초등학교 중퇴자가 기업의 총수가 되고, 초등학교 졸업 학력으로 대학총장이 되고, 라면을 팔던 사람이 국회의원이 되고, 중국음식점 배달원이 권투를 통해 챔피언이 되고, 말썽꾸러기 골목대장이 씨름 천하장사가 되고, 말더듬이였지만 끊임없는 노력으로 유명한 사회자가 되고, 아무것도 가진 것이 없었지만 기술을 익혀 명장明匠의 반열에 오른 사람 등 무수히 많다.

이들의 공통점은 야망을 지닌 사람들이란 점이다. 이토록 많은 사람이 보잘것없는 조건과 열악한 환경 속에서도 성공을 이루었다면 당신 또한 못할 리 없지 않은가?

'당신도 반드시 성공할 수 있다!'

인간은 5억 정자의 경쟁자를 물리치고 승리자로서 이 세상에 태어났으며, 성공할 수 있는 무한한 가능성을 지니고 있다. 다행스럽게도 어느 누구든 잘 생각하고 노력만 기울이면 성공할 수 있는 현대사회에 당신이 살고 있다는 사실을 명심하라.

세상만사는 마음먹기에 달렸다. 성공하겠다는 마음을 굳게 먹고 방법을 연구하고 노력한다면 당신도 틀림없이 성공을 할 수가 있다. 당신은 성공하고 싶은 욕망도 있고, 성공할 권리도 있으며, 자격도 있다.

그리고 지금이야말로 성공할 때가 아닌가?

강원도 평창 박사골에서 김양호

차례

1

당신도 부자가 될 수 있다

성공한 친구와 실패한 친구의 만남

옛날 바빌론에 아카드라는 부자가 살고 있었다. 그는 인심 좋기로 유명하여 가족에게는 물론이고 남을 돕는 일에도 결코 인색함이 없이 최선을 다하였다. 아카드의 재산은 해마다 늘어만 갔다.

어느 날 죽마고우 몇 명이 아카드를 찾아와 말했다.

"아카드, 자네는 우리보다 훨씬 운이 좋은 사람이야. 자네는 바빌론에서 첫째 가는 큰 부자로 성공했지만 우리는 지금 먹고 살기에도 바빠. 한때 우리는 똑같은 선생님 밑에서 공부하고, 운동도 같이 했었지. 그때까지만 해도 자네는 공부나 운동 모든 면에서 우리보다 그렇게 뛰어나지 않았었어. 이후에도 우리보다 더 열심히, 더 충실하게 일하는 것 같지도 않았고. 그런데 운명의 여신은 왜 자네만을 택해서 온갖 부귀영화를 누리게 하고 우리는 그냥 지나쳤을까?"

그러자 아카드는 친구들에게 다음과 같이 말했다.

"자네들이 아직도 사는데 급급해한다면 그것은 부富를 어떻게 다스려야 하는지 법칙을 알지 못하거나, 안다고 하더라도 그 법칙을 따르지 않기 때문일 걸세."

"그럼, 부자가 되는 비결이 따로 있기라도 하다는 말인가? 자네가 그토록 많은 돈을 벌게 된 성공의 법칙을 우리에게도 좀 들려주게나."

친구들의 간청에 아카드는 잠시 생각에 잠기더니 천천히 입을 열었다.

VOICEYE voiceye.com KOR

"나는 젊었을 때 인생의 행복은 무엇이며, 그것을 충족시켜줄 수 있는 것이 무엇인가를 고민하며 생각해 보았지. 그리고 마침내 그것을 깨달았네. 한마디로 많은 돈을 벌어서 부자가 되는 것이야. 좋은 집에서 가족들과 안락하게 살며, 마음대로 여행도 다니고, 온갖 산해진미도 맛보며, 금은보화도 갖고 싶은 대로 갖고, 더 나아가 영혼의 만족과 기쁨을 누리면서도 여러 가지 좋은 일도 하려면 결국 돈이 있어야 하지 않겠나? 그래서 돈을 많이 벌어야겠다는 욕망을 불태웠지. 자네들도 알다시피 나는 가난한 장사꾼의 아들이었고, 한 푼의 유산도 받은 게 없었어. 그렇지만, 내게는 남 못지않은 힘과 지혜가 있었다네."

"그 지혜라는 게 무엇인가?"

욕망이 인간의 그릇을 만든다

세상에 부자가 되고 싶지 않고, 성공하고 싶지 않은 사람이 또 어디에 있을까? 그렇다고 누구나 다 부자가 되고 성공을 하는 것은 아니다. 비슷한 조건에서 출발했어도 어떤 사람은 성공해서 행복을 누리고, 어떤 사람은 평범하게 그럭저럭 한세상을 보내며, 어떤 사람은 실패의 쓴잔을 마시며 일생을 불행하게 마친다.

실존철학자 사르트르는 "인간은 결국 자기 그릇에 걸맞은 인생밖에 걸을 수 없다"라고 정의했다.

도대체 인간의 그릇을 규정하는 것은 무엇일까? 어떤 사람은 운이라고 하거나 재능이라고도 한다. 아니면 노력 여하에 달렸다고 하는 사람도 있다.

운이나 재능에 의해서 인간의 크기가 결정된다면 자칫 운명론자가 되고 만다. 그에 반해 노력은 스스로 자신의 그릇을 크게 만든다. 노력이라는 말에는 '하고 싶지 않은데도 참고 한다'라는 의미도 있어, 더불어 인내를 수반한다. 인내는 인간의 가능성을 크게 만들기도 하지만, 반대로 인간의 가능성을 한정시켜 버리기도 한다.

이 세상에 태어나 자신이 해보고 싶은 일을 하지 못하고 인생을 끝내는 사람은 살아온 가치가 없다. 따라서 인생에서 가장 중요한 것은 자기가 하고 싶은 일을 하며, 인간답게 살 수 있느냐 없느냐이다.

그렇다면, 인간의 그릇은 무엇에 의해서 결정되는 것일까? 그것은 욕망이다. 욕망이라고 하면 우리는 금세 성욕, 식욕, 수면욕 등 인간의 본능적인 것을 생각하기 쉽다. 그러나 좀 더 크게 생각하면 욕망이란 '무엇인가를 하고 싶어하는 마음'이다. 거기에는 생존적인 것은 물론 문화적인 것도 모두 포함된다. 욕망이야말로 인간에게 플러스 에너지를 일으키는 원동력이다. 따라서 욕망이 크면 클수록 인간의 그릇은 커질 것이다.

무엇인가를 꼭 하고 싶다는 간절한 마음을 가질 때에 적극적인 인간이 될 수 있다. 반대로 욕망이 감퇴했을 때는 모든 일이 귀찮아져 소극적인 인간이 되고 만다.

역사상 인물을 보더라도 위대한 업적을 남

긴 사람들은 모두 자신이 하고 싶지 않은 일에 매달려 노력하거나 인내한 것이 아니라, '자기가 정말로 하고 싶은 일에 전력투구를 했기 때문'이다.

누구나 부자가 될 수 있는 비결

아카드의 친구들은 군침을 삼키면서 재촉을 했다.

"서둘지 말게. 내가 원하는 것을 얻는 데는 많은 시간과 노력이 필요했지. 먼저 나는 우선 필경사筆耕士 일부터 시작했다네. 몇 달 동안 열심히 일했지만 이렇다 할 소득은 없었어."

그러던 어느 날, 고리대금업을 하는 부자 노인이 내게 찾아와 일을 맡기면서 말했어.

"이것은 매우 중요하고 급한 거요. 이틀 안에 끝내 주면 돈을 두 배로 주겠소."

나는 주문받은 일을 약속대로 끝내려고 노력했지만, 일이 너무나 까다로워서 기일 안에 못 끝냈어. 노인은 무척 화를 내더구먼. 그래서 나는 노인에게 이렇게 말했지.

"당신은 큰 부자입니다. 저에게 부자가 될 수 있는 비결을 알려주겠다고 약속하신다면, 내일 아침 일찍 찾아갈 수 있도록 일을 끝내 놓겠습니다."

노인은 내게 미소를 지으면서 약속했네.

"자네, 주제넘은 친구로군. 하지만, 그렇게 약속하지."

밤을 꼬박 새운 끝에 나는 그 일을 완전히 끝냈어. 그러자 노인은 내게 말했어.

"수고했네. 약속대로 끝내 놓았구먼. 이제는 내가 약속을 지켜야 할 차례겠지."

노인은 날카롭게 나를 쳐다보면서 나지막한 어조로 다음과 같이 말했어.

"부자가 되는 비결은 번 돈의 일부를 떼어놓는 거야. 자네도 그렇게 해보게나."

노인은 말을 마치자 나를 뚫어지게 쳐다만 볼뿐 더는 아무 말도 하지 않았어. 나는 다그쳐 물었지.

"그것이 전부입니까?"

"그렇다네. 가난한 양치기 소년을 돈 많은

고리대금업자로 바꾼 성공의 비결이라네."

"그렇다면, 제가 번 돈을 전부 모으면 더 좋겠군요."

그러자 정색을 하면서 다음과 같이 말하더군.

"어리석기는. 돈을 한 푼도 안 쓰고 어떻게 살아가겠나? 꼭 쓸 데에는 써야지. 다만, 자네 수입의 10분의 1만 떼어서 저축을 하라는 것일세. 푼돈 같지만 계속 모으다 보면 목돈이 된다네. 그러나 이 세 가지를 명심하게. 먼저 자네가 번 돈보다 적은 돈으로 생활하는 방법을 배우게. 다음은 투자경험을 쌓아야 하는데, 그 분야 전문가에게 조언을 구하게. 마지막은 치부한 돈을 유용하게 쓰는 방법을 배우는 것이네."

"노인은 알아들었느냐는 듯이 나를 쏘아보고 가버렸지."

여기까지 말한 아카드는 친구들을 하나하나 주시하면서, 다음과 같이 결론을 맺었다.

"내가 부자가 된 것은 성공한 사람의 충고를

받아들여서 그대로 실천한 것에 불과하다네."

아무리 시대가 바뀌고 문명이 첨단화되었어도 성공으로 가는 인생의 길에는 변함이 없다. 진정으로 성공한 사람이 되기를 원한다면 먼저 욕망을 불태우고, 그 욕망을 달성하기 위하여 지혜롭게 실천을 해야만 한다.

2

소원은 간절히 원하면 얻을 수 있다

소원성취는 의지와 노력의 결과

우리나라에서 흔히 쓰이는 덕담이 하나 있다.

"소원 성취하십시오!"

이 말처럼 알아듣기 쉬우면서도 의미가 깊은 격려와 축복의 말이 또 있을까?

인간은 누구나 자신이 바라는 소원이 있으며, 그 소원이 성취되기를 바라는 희망 속에서 살고 있다.

'사업이 더욱 번창하기'를 바라는 사업가가 있는가 하면, '자식이 좋은 대학에 입학하기'를 바라는 학부모도 있고, '좋은 사람을 만나서 결혼하기'를 소박하게 바라는 사람들도 있고, '스타가 되기'를 바라는 연예인 지망생, '대통령에 당선하기'를 거창하게 바라는 정치가도 있다.

당신의 소원은 무엇인가? 그 소원은 반드시 성취될 수 있는 것인가? 소원성취를 위해서 당신은 지금 어떤 방법으로 얼마만큼 노력을 하고 있는가?

당신의 소원이 무엇이든, 소원성취는 자신의 생각에 대한 노력의 결과임을 알아야 한다. 즉 자기가 진정으로 바라는 소원의 목표를 분명하게 정하고, 목표를 성취하기 위해서는 끈기 있는 노력을 계속하여야 한다. 끊임없는 노력이야말로 성장의 힘이기 때문이다.

소원을 이루기 위한 투자를 아끼지 마라

미국의 저명한 심리학자인 데니스 웨이트리 박사는 처음부터 유명한 사람은 아니었다. 무명 시절 그는 '미국에서 제일가는 성공학의 권위자가 되었으면 좋겠다'라는 소원을 가졌다. 하지만, 그는 대중연설에 도무지 자신이 없었다.

웨이트리 박사는 이것을 극복하기 위해서 먼저 성공학에 관한 학문적 기반을 쌓고, 수많은 강연회에 참석하여 다른 연사들의 매너와 강연 내용을 관찰했다. 그러고는 20분 분량의 연설문을 작성해서 완전히 외울 때까지 혼자서 연습을 했다. 그러나 혼자서 하는 연설은 어디까지나 연습이지 실제 상황은 아니었다.

그가 처음으로 사람들 앞에서 연설을 한 것은 가족이었고, 다음은 친구들 앞에서였다. 차츰 자신감을 얻게 되자 부녀 봉사회나 로터리 클럽 등을 돌면서 무료 강연하러 다녔다. 계속된 강연을 통해 마침내 그는 성공학에 관한 한 최고 연사가 되었다.

웨이트리 박사의 강연을 들은 한 사람이 이런 질문을 하였다.

"박사님의 강연은 참으로 감동적이었습니다. 오늘날 최고의 연사가 되어 강연료를 받기까지 얼마나 걸렸습니까?"

"글쎄요. 지금 위치에 서기까지 아마도 800번쯤은 무료 강연을 하고 다녔을 거요."

소원성취는 그냥 이루어지는 것이 아니다. 자신이 진정으로 바라는 소원을 마음속에 품고, 그것을 성취하기 위한 구체적인 계획을 세워, 끈기 있게 노력하는 자만이 누릴 수 있다.

그러함에도 사람들은 어째서 소원성취를 하느님이나 부처님에게 빌고 빈 은덕인 양 착각하는 것일까? 하늘은 스스로 돕는 자를 돕는다. 자신의 의지와 노력의 결과가 곧 소원성취의 성패를 좌우한다는 사실을 알아야 한다.

소원이 클수록 성취 과정은 길다

소원성취에는 반드시 일정한 시간이 걸린다는 사실을 알아야 한다. 생명이 있는 것이라면 무엇이든 태어나서 자라는 성장 과정이 있듯이 인간의 사회적인 성공에도 성취과정이 있는 것이다.

대나무는 씨앗을 심어도 순筍이 바로 나오

지 않는다. 1년이 지나고 2년이 되어도 싹조차 보이질 않는다. 그래도 농부는 계속 대나무밭을 열심히 가꾼다.

5년여가 지난 어느 날부터 비로소 순이 돋기 시작하는데, 그로부터 45일가량이 지나면 3미터에 가까울 정도로 부쩍 자란다.

그렇다면, 대나무는 한 달 반 만에 큰 것일까? 아니다. 5년이란 긴 성장 과정을 통해서 큰 것이다. 그러나 5년이 지나야 대나무의 싹이 나온다는 것을 미리 알고 있었다고 하더라도, 농부가 대나무밭을 가꾸는 노력을 게을리했다면 우뚝 솟은 대나무로 자라지 못했을 것이다.

한편, 호박씨를 심어서 호박을 먹기까지는 불과 3개월밖에 걸리지 않는다. 그러나 도토리를 심어서 참나무 재목을 얻기까지는 족히 30년은 걸린다. 쉽게 얻은 호박으로는 한 끼 먹으면 그만이지만, 어렵게 얻은 참나무 재목으로 집을 지으면 백 년 이상이나 간다.

당신이 어떤 것을 소원하든, 그것을 성취하

는 데는 반드시 과정이 필요하다. 더구나 자기의 소원이 원대한 것이라면 그 과정은 더욱 길어질 수밖에 없다.

당신이 바라는 소원은 호박 같은 것인가? 아니면 참나무와 같은 것인가? 소원하는 크기와 무게에 따라서 성취 기간이 달라진다. 간절한 소망을 갖고, 자신을 믿으며, 끈질기게 노력하는 자가 반드시 성공한다.

3

가능성은 누구에게나 있다

집념은 무한한 가능성을 낳는다

나이 백한 살에 스물두 번째의 개인전을 가진 유명한 화가가 있다. 해리 리마핸은 폴란드 출신으로 스물아홉 살 되던 1905년에 손가방 하나와 단돈 6달러를 가지고, 무작정 미국 맨해튼에 들어섰다.

리마핸은 할렘 가街 유대인 거주지역에서 현금출납원으로 출발해, 열심히 일해 모은 4백 달러로 맨해튼의 로이 이스트사이드에 과자 도매상을 차렸다. 장사는 불붙듯이 잘 돼 사업을 시작한 지 11년 만에 상당한 재산을 모은 부자가 되었다.

일흔네 살 되던 해, 리마핸은 현업에서 은퇴한 후 조용한 나날을 보내고 있었다. 그러던 어느 날 리마핸은 노인 클럽에서 체스를 두기로 약속한 사람을 기다리고 있었다. 하지만, 약속한 사람이 병이 나서 못 온다고 젊은 봉사원이 와서 알려주며 다음과 같이 말했다.

"심심하실 테니 그냥 거기 앉아 계시지 말고, 화실에 가서 그림이나 그리시지요."

"내가 그림을? 나는 붓도 잡을 줄 모르는데……."

그러나 이것이 계기가 되어 리마핸은 매일 화실을 찾아가 그림을 그리게 되었다. 그때 나이 여든한 살, 여태까지 붓 한번 잡아 보지 못한 노인이었지만 리마핸의 천재성은 주위 사람들을 놀라게 했다. 그가 정식으로 받은 미술수업은 여든한 살에 10주쯤 지도받은 것이 고작이었다.

오늘날 리마핸의 그림은 많은 미술관에 걸

려 있고, 저명한 수집가들에 의해 계속해서 수집되고 있다. 미술평론가들은 그를 가리켜 '원시적 눈을 가진 미국의 샤갈'이라고 극찬하였다.

보통 사람들 같으면 손이 떨리고 등이 구부러져서 주저앉았을 여든한 살의 나이에 그림을 그리기 시작하여, 백한 살에 스물두 번째 개인전을 가진 한 노인의 이야기는 인간의 무서운 집념과 함께 무한한 가능성을 보여주고 있다.

어려운 일은 있어도 안 되는 일은 없다

인간의 잠재능력은 무한하며, 성공의 가능성은 꿈을 이루려는 인간의 간절한 소망과 끈질긴 집념에서 나온다. 세상에 어려운 일은 있어도 안 되는 일은 없다.

전쟁포로가 되어 43년 만에 자유를 찾아서 월남한 조창호 씨의 이야기이다.

일제 강점기에 평양에서 병원을 경영하던

할아버지의 장손으로 유복하게 자란 그는 1950년 연세대학교에 입학했다. 그러나 한국전쟁이 일어나자 "나라의 운명이 백척간두에 서 있는데 무얼 하고 있느냐?"라는 어머니의 핀잔을 듣고 군에 자원입대를 한다.

관측 장교로 강원도 인제 전투에 참전해서 중공군에게 밀려 후퇴하던 도중, 낙오된 부하를 구하기 위해 적진에 다시 들어갔다가 포로가 되어 북한에서 생활을 하게 된다. 몸은 비록 북쪽에 있었지만 그의 마음은 항상 남쪽 땅을 그렸다. 1952년에 월남을 시도하다가 실패하여 탈출기도 죄로 인간 이하의 참혹한 생활을 맛보기도 했다.

그러던 어느 날, 조선족 중국인 보따리장수를 만나 월남하게 도와 달라는 부탁을 했다. 마침내 그의 간절한 염원이 이루어져 1994년 10월 3일에 북한 탈출의 모험은 시작되었다.

"몸이라도 조국에 묻자."

자유에 대한 갈망은 예순네 살의 병든 조창

호 씨를 압록강 가로 이끌었다. 폭우가 쏟아지는 캄캄한 밤중에 무릎까지 빠지는 진흙탕을 헤쳐 나오고 보니, 이런저런 장애물에 긁히고 찔려 온몸은 피투성이가 되어 있었다. 그렇지만, 좌절하지 않고 조국을 향한 희망과 신념으로 중국으로 향했다. 도착한 중국의 다롄에서 탈출할 배를 구하기 위해 16일간 머물렀고, 1994년 10월 19일 중국 교포의 주선으로 목선을 타고 귀향길에 올랐다.

그러나 그가 꿈에도 그리던 자유의 문, 고향을 향한 길은 순탄치 않았다. 갑자기 거칠어진 파도 때문에 첫 번째 시도는 실패로 끝났고, 3일 후에 다시 도전하여 10월 23일 새벽에 탈진 상태로 인천항에 도착했다.

스물한 살의 청년 조창호가 43년 만에 백발이 되어 귀향을 했던 것이다.

"포병 소위 조창호, 군번 ○○○○○○○, 국방장관님께 무사히 귀환했음을 신고 드립니다."

1994년 10월 25일 오후 세 시, 국군 수도통

합병원의 병상에서 위문 온 이병태 국방장관에게 43년 만에 치른 귀환신고식은 온 국민의 눈시울을 뜨겁게 했다.

시련을 이기면 성공은 뒤따른다

일본의 경제평론가 다카지마 요오는 제2차 세계대전 중 학도병으로 징집되어 남방전선에 투입되었으나 곧 폐렴에 걸렸다. 종전 후 귀국을 했지만 전후의 궁핍한 생활은 병세를 더욱 악화시켰다. 몸은 극도로 쇠약해지고, 아침저녁으로 기침을 할 때마다 피를 쏟아 내어 거의 죽음 직전에 이르렀다.

'이대로 사느니 차라리 목숨을 끊는 것이 더 낫겠다.'

이렇게 결심한 그는 집 근처에 있는 전봇대 위로 기어 올라갔다. 그런데 막상 손을 뻗어 고압선을 잡으려니 도무지 용기가 나지 않았다. 왠지 손이 가슴에 꼭 붙어 있는 것처럼 움직이질 않았던 것이다. 순간 다카지마는 생각했다.

'전선을 잡기가 두려운 것은 아직도 내 마음속에 살고 싶다는 미련이 아직 남아 있기 때문이 아닌가? 그렇다면, 나는 아직 죽을 때가 아니다. 내게 죽을 용기가 있다면 살아갈 용기 또한 있지 않겠는가? 내게는 아직 희망이 있다.'

철학자 아리스토텔레스는 '희망은 잠자고 있지 않은 인간의 꿈이다'라고 했으며, 프랑스 소설가 몽테를랑은 '꿈은 불만족에서 나오며, 만족한 인간은 꿈을 꾸지 않는다'라고 했다. 또 영국 시인 브리지스는 '인간의 희망은 절망보다 격렬하다'라고 했다.

생명이 있는 한 희망은 있으며, 어떤 역경 속에도 성공의 가능성은 있다. 그리고 그 가능성은 누구에게나 다 있는 것이다. 그러나 중요한 것은 희망을 달성하기 위한 끈질긴 집념과 노력이다.

집념과 노력이야말로 성공의 원동력이다. 자신의 무한한 능력을 믿고, 성공의 가능성에 새로운 각오로 도전할 때 성공의 문은 항상 열려 있다.

4

운명의 지배자가 되라

생각이 바로 성공의 씨앗이다

가난한 흑인의 일곱째 아들로 태어난 풀러는 불과 다섯 살 때부터 밭에 나가서 일을 했으며, 아홉 살 때에는 혼자서 노새를 몰았다. 가난한 흑인들은 이런 일을 일상처럼 여겼고, 더 나은 생활을 하려는 꿈은 아예 생각도 하지 못했다.

그러나 풀러에게는 훌륭한 어머니가 있었다. 언젠가 어린 풀러는 "엄마, 참 하느님도 너무해. 우리를 왜 가난한 검둥이로 만들어 놨지?" 하는 푸념을 했다. 그러자 풀러의 엄마는 다음과 같이 말했다.

"얘, 풀러야! 우리가 흑인으로 태어난 것은 하느님의 뜻이지만, 가난하게 사는 것은 결코 그분 탓이 아니야. 우리가 가난한 것은 부자가 되려는 희망을 품지 않았기 때문이란다. 우리 가족 가운데 부자가 되겠다는 희망을 품은 사람이 있었니?"

"엄마, 그게 정말이에요? 부자가 되겠다는 희망을 품으면 부자가 될 수 있는 거예요?"

"그럼, 될 수 있고말고. 네가 한번 부자가 되어 보렴."

어머니의 이 말은 어린 풀러의 일생을 바꿔버릴 만큼 가슴속 깊이 새겨졌다.

'그래! 난 꼭 부자가 될 거야!'

풀러는 '돈 버는 지름길은 장사밖에 없다'라고 생각하고 비누를 판매하는 세일즈맨이 되었다. 12년을 하루같이 열심히 일한 결과, 당시 돈으로 2만 5천 달러를 벌었다. 때마침 비누를 공급해 주던 회사가 15만 달러에 판다는 정보를 얻었다. 그는 12년 동안 알뜰히 모아

둔 2만 5천 달러를 계약금으로 걸고, 나머지 12만 5천 달러는 열흘 안에 치르기로 하였다. 만약 풀러가 날짜 안에 잔금을 치르지 못하면 계약금마저 날아갈 판이었다.

그러나 풀러는 12년 동안 세일즈맨으로 일하면서 많은 사람을 사귀어둔 데다 신용도 웬만큼 탄탄했다. 그는 친구와 아는 사람들을 찾아다니며 돈을 빌리기 시작했다. 또 금융회사나 투자회사로부터 융자도 받았다. 8일째 되는 날 밤까지 11만 5,000달러라는 엄청난 돈을 마련했지만 아직 1만 달러가 부족했다.

돈을 빌릴 만한 곳은 빠짐없이 돌아다니면서 빌렸기 때문에 더는 빌릴 곳도 없었다. 그때 풀러는 무릎을 꿇고 하느님께 기도를 올렸다.

"오, 하느님! 그동안 많은 돈을 모으게 해주셔서 감사합니다. 그러나 아직 1만 달러가 부족합니다. 저한테 1만 달러를 더 빌려줄 사람을 만나게 해주십시오."

그러고는 거리로 뛰어나가 불이 켜져 있는

첫 번째 사무실을 발견하고 무작정 들어갔다. 평소에 약간 안면이 있는 도급업자의 사무실이었다. 그는 단도직입적으로 물었다.

"혹시 1천 달러를 벌 생각이 없으시오?"

잠시 어리둥절해하던 도급업자는 구미가 당긴 듯 말했다.

"그야 물론 있지요."

"그렇다면, 제게 1만 달러를 빌려주십시오. 그 돈을 갚을 때 이자로 1천 달러를 더 드리겠습니다."

풀러는 자기에게 돈을 빌려준 사람들의 이름을 대고, 인수할 비누회사에 대하여 자세히 설명했다. 이윽고 날이 밝자 그는 12만 5천 달러를 들고 비누회사로 달려가서 무사히 인수 작업을 끝냈다. 이후 풀러는 비누회사뿐만 아니라 네 개의 화장품 회사와 속옷, 라벨제조회사 그리고 신문사 등을 거느린 CEO가 되었다.

세상은 강한 자를 존경한다

숙명처럼 대대로 이어 내려온 가난의 굴레를 벗고 한낱 백일몽에 지나지 않았던 관념을 현실로 탈바꿈시켜 놓은 풀러의 성공비결은 무엇일까?

'부자가 되겠다!'라는 희망과 '나는 꼭 부자가 되겠다!'라는 결심을 하고 끈질긴 노력을 통해 성공한 사람으로 만들었다. 일시적인 결단이 아닌 변함없는 굳은 의지력이 성공을 이룬 것이다.

요즘 사람들은 지나치게 약고 잔꾀가 많으며, 이기주의에 사로잡혀 있다. 약삭빠른 사람은 많지만 산이나 바위같이 굳세고 큰 인물은 적다.

사람들은 누구나 '나'라는 캔버스 위에 내가 성공한 모습을 그리며 살아간다. 그런데 대다수는 캔버스 한 귀퉁이에 초라하게 그려 놓고는 "내 팔자는 이거라고!" 하며 신세타령을 한다.

보다 크고 넓으며 화려하게 성공한 사람으

로 자화상을 그릴 수는 없는 것일까?

이 세상에 하나밖에 없는 '나'라는 존재를, 이 세상에서 한 번밖에 살 수 없는 일생을 보다 크게 가꾸려는 원대한 꿈과 소망, 목표를 갖는 것이 바로 당신을 성공하는 사람으로 만드는 제1단계임을 알아두어야 한다.

세상은 성공한 자를 사랑하며, 강한 자를 존경한다.

초점을 맞추어 집중하라

다이아몬드를 갈망하던 어느 페르시아 농부가 자기 농토를 팔고 보석 중의 보석인 다이아몬드를 찾으려고 전세계를 헤매고 다녔다. 그러나 그 농부는 다이아몬드는커녕 자기가 가진 재산과 건강마저 잃어버리고 끝내 죽음에 이르고 만다. 그런데 그토록 원하던 다이아몬드는 바로 농부가 팔아버린 농토에서 나왔다.

-《다이아몬드가 나오는 땅》, 러셀H. 콘웰

농부는 다이아몬드를 찾기 위해 열심히 노력했으나 잘못된 방향으로 집중력을 기울였던 것이다.

뚜렷한 목표를 정하고 구체적으로 일을 해야 결과를 얻을 수 있다. 거대한 증기 기관차가 움직이는 것은 수증기의 힘을 한 곳으로 집중시켜 계속 뿜어 대기 때문이다.

사람도 정신력을 집중시키지 않으면 일을 성공적으로 처리할 수가 없다. 정조준을 해서 초점을 맞춰야 하고, 한 곳으로 힘을 모아야 한다. 쓸데없는 방황은 당신의 정신력만 낭비할 뿐이다.

세계적인 당구 챔피언 윌리엄 호프 주니어는 집중력을 키우기 위해 다음과 같이 노력했다고 한다.

· 첫째, 모든 방해물을 제거시켰다
· 둘째, 모든 에너지를 게임에만 집중시켰다
· 셋째, 공을 칠 때마다 완벽하게 치려고 최선을 다했다

· 넷째, 다음번에 때릴 공을 염두에 두고 쳤다
· 다섯째, 연습을 끊임없이 계속했다

천재란 계속 노력할 줄 아는 사람을 말한다. 실패와 성공은 노력이 좌우한다. 끈기와 노력은 절망을 성공으로 바꾸는 힘을 가지고 있다. 계속 노력하는 사람, 목표가 뚜렷한 사람은 절대로 실패하지 않는다.

한 가지 목표에 정신을 집중하고 전력투구를 하는 사람만이 성공이라는 정상에 오를 수 있다.

천 마디 말보다 한 번의 실천이 중요하다

스페인과 미국 사이에 전쟁이 벌어졌을 때, 쿠바에 있는 지도자 가르시아 장군에게 미국은 협조를 얻어야만 했다. 그러나 가르시아는 당시 쿠바의 어느 깊은 산 속에서 항전 중이었기 때문에 아무도 그가 어디에 있는지 몰랐다. 따라서 우편이나 전보 같은 것이 그에게 전달

될 리 만무했다.

초조해진 미국의 대통령 매킨리는 어떻게 해야 좋을지 몰라서 발을 동동 구르고 있을 때, 각료 가운데 한 사람이 다음과 같이 말했다.

"각하, 로원이라는 중위가 가르시아 장군에게 메시지를 전달하겠다고 스스로 나섰습니다. 그를 보내는 것이 어떻겠습니까?"

그리하여 로원 중위는 가르시아에게 보내는 밀서를 가지고 쿠바 섬으로 떠났다. 로원은 보트를 타고 나흘 만에 쿠바의 해안에 상륙하였다. 그리고 숲 속을 뒤진 지 3주일 만에 드디어 가르시아 장군을 찾아 밀서를 전했다.

"이 밀서를 가르시아 장군에게 전하게."

"네, 알았습니다!"

매킨리 대통령의 명령에 로원은 단지 이 말뿐이었다. '가르시아 장군이 지금 어디쯤 있느냐?' 따위는 전혀 묻지 않았다. 대신 로원 중위는 맡은 임무를 수행하기 위해서 온 정력을 다 바쳤을 뿐이다.

가르시아 장군은 이미 고인이 되었다. 로원도 죽었고, 매킨리도 죽었다. 그러나 세상에는 우리에게 도움을 줄 또 다른 가르시아가 수없이 많다. 그래서 기업가나 정치인들은 제2, 제3의 로원, 즉 사명감에 불타는 진정한 일꾼을 애타게 갈망하고 있다.

"이봐, 자네 말이야, 고르기아스의 생애에 대하여 알아 오게."

만약 당신의 윗사람이 이런 지시를 내렸다면 "그가 누군데요?" "전 모르겠는데요. 다른 사람에게 시키시지요" "그 사람은 왜 찾습니까?" "인명사전을 가져올까요?"라고 대답할 가능성이 있다.

세상에는 입만 살아 있는 무능하고, 책임감이란 단어조차 올바르게 해석하지 못하는 사람들이 무수히 많다. 무능한 사람일수록 '월급을 올려 주고 직위를 높여 주면 일을 열심히 할 텐데……'하고 불평하고, 어리석고 게으른 사람일수록 '나도 부모만 잘 만났더라면 한자리하는 건데, 제길!' 하면서 조상 탓하기 일쑤이다.

그러나 세상에 공짜는 없다. '열심히 일하고 노력하면 반드시 보상을 받는다.'라는 것이 성공철학이다.

《정상에서 만납시다》란 책을 지은 지그 지글러는 "이 세상에 어느 누구도 당신의 승낙 없이는 당신을 실패자나 성공자로 만들 수 없다"고 했다.

성공은 대가를 치르더라도 얻을 만한 가치가 있다. 부를 창조한다는 것은 실로 유쾌하고 즐거운 일이다. 명심하라! 운명은 결코 숙명이 아니다.

5

토털 맨을 지향하라

열심히 일하는 것은 성공의 지름길

당신의 성공에 가장 큰 걸림돌은 큰 꿈을 갖지 못하는 데 있다. 큰 꿈이 없기 때문에 열심히 일하지도 않는다.

성공한다는 것은 열심히 일한다는 뜻이며, 성공한 사람이 적은 까닭도 바로 여기에 있다. 인생에서 큰일을 이룩한 사람들은 모두 큰 꿈을 갖고 열심히 일하는 사람들이다.

만약 당신이 무엇이든 배울 자세가 되어 있으며 큰 꿈을 갖고 '무슨 일이든지 해낼 수 있는 길은 반드시 있다'라고 믿는다면, 무엇보다 그 일에 대하여 뜨거운 정열을 불태운다면 어떠한 장애물도 당신의 길을 막지는 못할 것이다.

당신의 성공을 늦추는 유일한 제약은 스스로에게 부과하는 다음과 같은 것들이다.

"값비싼 물건은 가지면 안 돼."
"매우 좋은 차를 몰고 다니는 건 곤란해."
"화려한 집은 격에 안 맞아."
"여행이나 휴가는 분수에 맞게 즐겨야 해."
"뱁새가 황새를 따라가려다가는 가랑이가 찢어지지."

욕망을 억지로 억제하는 것은 다른 누군가가 당신에게 덮어씌운 것도 아니고, 하느님이 당신의 마음속에 넣어 준 것도 아니며, 더욱이 어느 집안에서 태어난 누구인가 하는 것과도 무관한 일이다. 그것들은 순전히 스스로 설정한 제약일 뿐이다. 만약 여기서 벗어나지 못한다면 당신은 오래도록 성공과는 거리가 먼 절름발이 인생이 되고 말 것이다.

그러나 이러한 제약을 허물어뜨리고 스스로 껍질에서 벗어나기로 마음을 지니면, 이 세상에서 당신의 발걸음을 멈추게 할 수 있는 것은 아무것도 없다.

보다 크게 생각하라! 욕망은 성공의 씨앗이다. 위대한 성공을 실현하기 위해서는 강렬한 욕망이 선행되어야 하는 법이다.

평범함을 경계하라

현대는 영웅이 없는 시대이다. 오늘날 위대한 인물이 드문 이유는 요즘 사람들이 편한 인생을 추구하며 극단적인 삶을 거부하는 경향이 있기 때문이다.

현대화된 사회에서는 사람들은 세상을 움직이는 힘을 갖기보다는 보편적인 공통성에 자아를 찾고 있는 듯하다. 공통성이란 '평범함'이나 '닮은 것'이라고 할 수 있고, 더불어 '게으른 성향'을 띠기도 한다.

토털 맨total man이 두려워해야 할 것은 죽지

않고 땅에 묻히는 것이다. 이보다 더 나쁜 것은 죽은 뒤에도 땅에 묻히지 못하는 것이다.

꿈과 목표를 상실하고 있다면, 이미 오래전에 '평범함'이라는 이름의 병으로 죽은 것이나 다름없다. 평범함이란 '최악의 최상'과 '최상의 최악'이 만나는 곳이다.

아직 살아 있으며 얼마든지 생각하고 숨 쉬며 움직이고 일하는 당신은 분명 위대한 인간이 될 자질이 있다. 진정 성공하기를 바란다면 당신의 목표와 꿈을 재정비하라. 항상 뜻이 있는 곳에 길이 있는 법이다.

변화 없이는 창조도 없다

지금 전 세계는 엄청난 변화의 소용돌이 속에 휩싸여 있다. 창의력이 없으면 자기 파괴와 패배밖에 남지 않는다.

인간은 누구나 기다려 주지 않는 미래에 직면하고 있으며, 또한 불행하게도 죽지 않은 과거를 안은 채 너무 오래 살아온 사람들도 많다. 따라서 우리가 늘 해 왔던 방법을 바꾼다는 것은 참으로 어려운 일이 아닐 수 없다.

어느 신부가 선교를 위해 아프리카에 도착해서 보니, 그곳의 원주민들은 짐을 나를 때 모두 등에 짊어지거나 머리에 이고 운반하는 방법밖에 모르고 있었다. 이를 안타깝게 여긴 신부는 바퀴가 달린 커다란 수레를 만들어 주었다.

그랬더니 원주민들이 그것을 보고 오히려 비웃었다.

"저런 바보 같은 신부를 봤나. 짐만 들고 다니기에도 힘겨운데 저렇게 큰 수레까지 끌고 다니라니. 정말 어리석기 짝이 없어."

새로운 방법, 좀 더 나은 방법을 시도할 때마다 '아는 척하는 사람'이 있게 마련이다. 이런 사람들은 자기가 익숙해진 것들을 당신이 바꾸지 못하도록 무슨 수를 써서라도 방해하려 들 것이다.

창의력이란 변화를 의미하며, 변화는 파문

을 일으키는 법이다. 세상 사람들이 당신의 창조적인 의견을 반대하는 이유가 바로 여기에 있다. 안일한 흙 속에 파묻힌 굼벵이들은 결코 파문을 원치 않는다. 그러나 평범함을 뛰어넘지 못한 성공하는 사람이 없듯이, 변화를 일으키지 않고서는 창조란 있을 수 없는 법이다.

창조적인 사람이 되기 위해서는 기발한 아이디어와 그 아이디어를 구체화하려는 투지가 필요하다. 오늘날 창조적인 사람이 적은 이유는 창조적인 사람이 되는 데 필요한 대가를 치르려 하지 않기 때문이다.

당신이 진정 성공한 사람이 되고 싶다면 실패를 두려워하지 말고, 어려운 일을 겁내지 마라. 무엇이든 우선 두려움을 떨쳐 버리고 과감히 부딪쳐 보라!

승리와 패배의 차이는 열중도

인간의 특성 중에서 열중熱中은 가장 설득력이 있음과 동시에 가장 전염성이 강한 자질이다. 승리와 패배는 대개 열중도熱中度에 의해서 차이가 난다. 어떤 일에서 승리를 하느냐 패배를 하느냐의 열쇠는 열의와 의욕이다.

골프는 불과 몇 타 차이로 승부가 가려지고, 경마는 몇 분의 1초 차이로 승패가 결정되며, 야구는 기껏 반걸음 차이로 아웃되거나 세이프가 된다. 사소하게 보이는 이 차이가 승리와 패배를 가름하는 열쇠이며, 이것이야말로 한 가지 일에 정신을 쏟는 열중이다.

이 세상에는 자기가 좋아하는 분야에서 전문가가 되려는 노력을 하지 않았기 때문에 실패하는 사람들이 많다. 이들은 '성공으로 가는 지름길'만을 찾아가려고 하나, 성공이나 지식에는 지름길이 쉽게 발견되지 않는 법이다.

실제 열의熱意나 열중은 어떤 노력에 대한 긍정적인 결과이지 출발점은 아니다. 우선 내가 어떤 일을 잘 수행하는지 그 방법을 알아야 하며, 다음으로는 자신감을 갖도록 자신이 익힌 것을 끊임없이 연습해야 한다. 할 수 있다는 자신감을 갖고 열심히 일하게 되면 열중은 저절로 생겨난다.

패배자라고 해서 항상 패배만 하는 것은 아니다. 패배자도 승리할 때가 있다. 그러나 패배자는 자신이 '왜 승리했는지' 이유를 모른다. 승리자도 늘 승리만 하는 것은 아니다. 패배할 때도 있다. 그러나 승리자는 자신이 패배했을 때, 패배의 원인을 분석하여 거기서부터 다시 출발한다.

어떤 직업에 종사하든 간에 열의가 없이 성공한 사람은 없다. 전력투구와 충분한 지식, 그리고 신중한 태도가 조화롭게 어우러질 때 비로소 성공을 할 수 있는 것이다.

욕망을 키우고 창조적인 사고로 어떤 일에도 열중하는 사람은 반드시 성공한다. 당신 자신의 모든 사고와 행동을 집약시킬 수 있는 힘을 가진 토털 맨이 돼라!

6

낙관론자인가? 비관론자인가?

생각이 기분과 감정을 좌우한다

미국 중서부에 사는 한 중년 변호사는 젊었을 때부터 비관적인 성격을 지녔다. 언젠가는 친구들이 자살에 사용될 만한 칼이나 가위를 그의 곁에서 치우고, 밤새도록 누군가가 붙어 있어야 한다고 생각할 정도로 심각했다. 중년의 변호사는 말했다.

"나는 지금 살아 있는 사람들 중에서 가장 비참한 처지이다. 내 기분이 세상 사람들에게 전달된다면 지구상에 미소는 사라져 버릴 것이다. 앞으로는 어떨지 모르지만 좋아지지 않을 것임은 분명한 듯하다. 내가 지금까지 해온 일은 보잘것없는 일뿐이다. 죽느냐 사느냐 하는 갈림길에 나는 지금 서 있다."

이 말을 한 사람은 바로 1841년의 에이브러햄 링컨이다. 이 무렵 함께 일했던 윌리엄 핸든은 링컨을 다음과 같이 묘사했다.

"그가 걸을 때마다 우울함이 뚝뚝 떨어지는 것 같았다."

그러나 이 비관적인 사나이가 22년 후 대통령이 되어 일기에 다음과 같이 적었다.

"올 한해도 끝나 가는구나. 올해는 풍성한 수확과 멋진 기후의 한해였다. 이런 천운이 계속되는 나날이기 때문에, 우리는 그 기쁨의 원천을 잊어버리곤 한다."

수만 명의 젊은이가 남북전쟁에서 목숨을 잃었으며, 나라가 붕괴의 위기에 처해 있는 아픔을 누구보다 더 절실하게 느끼면서도 링컨은 주위를 기쁨에 찬 눈으로 바라볼 수가 있었다.

어느새 링컨은 절망으로 빠지곤 하는 비관

적인 사고방식을 낙관적으로 전환하는 방법을 익혔다. 게다가 감사와 기쁨의 마음이라는 천성적인 자질까지도 크게 신장시켰던 것이다.

링컨이 180도로 변신할 수 있었던 가장 중요한 열쇠는 그가 한 말 속에서 찾을 수가 있다.

"대부분의 사람은 이렇게 되고 싶다고 생각하면, 그렇게 원하는 만큼 행복해지는 법이다."

이 말은 심리학자들의 의견과도 일치한다.

"비관론자가 되는가, 낙관론자가 되는가는 주로 한 사람 한 사람의 의식적인 결단에 달렸다."

우리가 의식적으로 내린 결정은 마음가짐에 크게 작용하여, 사고방식을 변화시킴으로써 기분이나 감정도 변화시킬 수 있다.

낙관적인 사람이 되고 싶다면 자신의 주위에서 일어난 사건에 대해 부정적으로 생각하기보다는 긍정적으로 생각하는 자세가 무엇보다 필요하다.

부정적인 사고방식이 습관화되면

사람들은 상대가 진심으로 칭찬하는데도 단순한 공치사로 간주해 버리고는 금세 기억 속에서 지워 버리기 일쑤이다.

그렇지만, 비판을 받으면 그 아픈 기억을 언제까지나 머릿속에 간직하게 마련이다. 몇 년이 지난 후까지 한마디도 잊지 않고 기억했다가 그때의 기분 나빴던 상황을 토로하기도 한다.

"나는 지금도 7년 전에 당신이 나를 깎아내렸던 그 말을 결코 잊을 수가 없어요."

이렇게 생각에 길든 사람은 매사를 부정적인 시각으로 보며, 부정적인 일에만 흥미를 느낀다. 아름다웠던 일이나 행운, 사랑이나 미소 등 자신의 주위에 있는 수많은 긍정적인 요소는 완전히 무시해 버린다.

서울에 사는 한 관광객이 시골 청년에게 말을 걸었다.

"이곳은 공기도 맑고, 물맛도 참 좋군요."

"사람이 어디 공기나 물만 먹고 살 수 있나요?"

"그래도 이 대자연의 환경 속에서 평화롭게 산다는 게 얼마나 좋습니까."

"매일 보이는 것은 산과 들뿐이고 쓸쓸해서 저는 이 시골이 싫습니다."

부정적인 청년의 말에 관광객이 다시 말을 이었다.

"도시 생활을 몰라서 그렇지, 이곳은 흙도 마음대로 밟을 수 있고, 땀 흘리는 일도 할 수 있으니 이곳이 천국이라고요."

"누굴 놀리시는 겁니까? 아스팔트가 좋지 진흙탕 길이 좋다고요? 그리고 뙤약볕에서 땀 흘리며 농사짓는 일이 얼마나 힘든지 아세요? 이곳은 천국이 아니라 지옥이라고요, 지옥!"

이 청년을 비롯하여 많은 사람이 비관론자가 되는 원인은 부정적인 사고방식이 습관화되었기 때문이다. 대수롭지 않은 일조차 부정적으로만 생각하다 보면 자기도 모르게 습관화되어 모든 것을 비관적으로 받아들이게 된다.

인간의 마음은 화단과 같다

화단에는 화초도 있고, 잡초도 있다. 잡초가 무성해지면 화초가 잘 자라지 못한다. 그래서 잡초를 뽑아 화초가 잘 자라게 한다.

인간의 마음도 화단과 같다. 부정적인 생각을 잡초라고 한다면, 긍정적인 생각은 화초이다. 당신이 '낙천가'라는 아름다운 꽃밭을 가꾸려면 부정적인 생각, 즉 마음의 잡초가 자라지 못하도록 싹이 틀 때 즉시 뽑아 버려야만 한다.

로버트 오이러 심리학 박사는 긍정적인 생각을 갖게 하는 간단하면서 효과적인 방법을 제시하고 있다.

고무 밴드를 하루 24시간 손목에 끼고 있다가, 부정적인 생각이 싹틀 때마다 고무 밴드를 튕기는 것이다. 너무도 단순한 일이기 때문에 웃어넘길지도 모르지만, 3주 정도 계속 시도해 보면 자신이 얼마나 부정적인 생각을 많이 하고 있는가를 알게 된다. 오이러 박사는 이 간단한 방법으로 놀랄 만한 변화가 일어나 직장생활이나 가정생활에서 완전히 바뀐 사람이 많다고 한다.

또 하나의 방법은 임상심리학자 마틴 셀리그맨이 권하는 방법이다. 이 방법은 어떤 사건이 일어났을 때 성급하게 일반화시키지 말고, 자기 자신에게 질문하여 사건을 축소화시키는 것이다. 즉 '사건의 원인이 일시적인가, 영속적인가? 특수한 것인가, 전반적인가?'를 분석하는 태도를 익히는 방법이다.

비관론자들 중에는 모든 것을 '내 탓'으로 돌리는 습관이 있는데, 앨버트 에리 박사는 그러한 습관을 버리라고 충고한다.

비관론자는 세상의 모든 것을 부정적으로 받아들이기 때문에 인생의 실패자가 되기 쉽고, 불행한 삶을 살 수밖에 없다. 그러나 낙관론자는 세상의 모든 것을 긍정적으로 받아들이기 때문에 인생에 성공한 사람이 되며, 행복한 삶을 누린다.

낙관론자가 될 것인가, 비관론자가 될 것인가의 선택은 오직 당신에게 달렸다.

7

적극적으로 사고하라

적극적인 사고가 불가능을 가능으로 바꾼다

식물을 재배할 때 꼭 필요한 것이 무엇이냐고 물으면, 누구나 '흙'이라고 대답한다. 흙이 있어야 식물이 뿌리를 내리고 영양소를 빨아들여 자랄 수 있다는 것은 만고불변의 진리였다.

그런데 이 진리에 의혹을 품은 상식 밖의 사람이 있다.

'흙은 정말로 식물에 불가결한가? 오히려 흙이 식물의 생육을 저해하지는 않는가?'

이런 엉뚱한 생각을 한 사람은 영국의 W.

워드는 1699년 '물에 영양소를 섞어 놓아두면 흙이 없어도 식물은 자란다'라는 것을 입증했다. 흙 없이 배양액만으로 식물을 기르는 이른바 물재배는 더욱 발전하여, 오늘날에는 일반 작물뿐 아니라 과수果樹와 같은 대형 작물도 기를 수 있게 되었다.

일본 쓰쿠바 박람회 때 '도깨비 토마토'가 화제가 되었다. 토마토를 밭에서 재배하면 보통 한 포기당 20개 정도 열리는데, 도깨비 토마토에는 한 포기에 무려 1만 2천 개나 열렸다. 그 비결은 물재배에 있었다.

어디 그뿐인가? 멜론은 한 포기에 한 개밖에 열리지 않는다. 그래서 멜론의 값이 비싼 것이다. 그러나 물재배로 한 포기에 90개의 멜론이 열렸다. 논에 심은 벼 한 포기의 줄기에 120~130개의 쌀알이 붙으면 평년작이라고 하며, 200개 정도 붙으면 '이삭에 이삭이 피었다'라고 하는 풍년작이다. 그런데 한 포기의 줄기에 쌀알이 700~800개나 붙은 벼를 생산한 사람도 있다.

남보다 엄청나게 많은 수확을 한 사람들의 비결은 종래에 불가능하게 여겨지던 일을 '어떻게든 가능하게 할 수는 없을까?'하고 생각하고 노력한 결과이다. 한마디로 적극적 사고의 산물이다.

인간의 두뇌에는 약 1,400억 개의 세포가 있으나, 보통 사람들이 죽을 때까지 사용하는 것은 그 중 약 3퍼센트에 지나지 않는다고 한다. 그 원인은 할 수 있는 능력을 지녔으면서도, '그 일은 아무래도 무리야' '상식적으로 그건 안 돼' '나에게는 절대로 불가능해'라는 등 소극적인 사고를 하기 때문이다.

그러나 성공하는 사람들은 사고를 적극적으로 한다. '하면 할 수 있다' '해보자!'라는 사고는 잠자고 있는 뇌세포를 일깨우고, 자신이 지니고 있는 능력을 충분히 발휘하게 한다.

가능성을 믿어라

로버트 슐러 목사는 '가능사고可能思考'의 신봉자로 "불가능을 믿지 말고, 실패를 두려워하지 마라!"를 신조로 삼고 있다.

그런 슐러 목사에게는 캐럴이라는 딸이 있는데, 열세 살 때 교통사고로 중상을 입었다. 캐럴은 7개월 동안 일곱 차례나 수술을 받았지만 불행히도 왼쪽 다리를 잃어버리고 말았다.

'감수성이 예민한 나이인데 절망하면 어쩌나?'

부모의 걱정과는 달리 어느 날 캐럴은 슐러 목사에게 다음과 같이 말했다.

"아빠, 너무 걱정하지 마세요. 하느님은 저에게 다리 하나를 남겨 주셨어요. 그것은 곤란에 처한 사람을 도와줄 수 있도록, 한쪽 다리로라도 훌륭한 인간임을 배우게 하려는 뜻이겠지요."

캐럴은 당시 소프트볼 선수로 미국 최고의 선수가 되려는 꿈이 있었다. 그런데 불의의 사고로 왼쪽 다리에 의족을 했으니 그 꿈이 산산조각난 셈이었다.

그러나 캐럴은 몇 년이 지난 지금까지도 소

프트볼 선수를 계속하고 있다. 불행을 당했으면서도 소프트볼을 계속하겠다는 가엾은 딸에게 슐러 목사가 말했다.

"그 다리로는 달릴 수가 없지 않으냐?"

"저는 가능사고자可能思考者예요. 홈런을 치면 달릴 필요가 없겠지요."

의연하게 대답한 캐럴은 팔과 손을 강하게 단련하는 노력 끝에 훌륭한 선수가 되었다.

신념이 뒷받침되어야 성공할 수 있다

성공하는 사람을 뒷받침하는 것은 자신감이 아니라, '반드시 꿈을 실현하겠다'라고 하는 신념이다.

우리가 어떤 목표에 도전할 때 '반드시'라고 할 만큼 싹트는 마음이 있다면 그것은 다름 아닌 불안이다. 목표가 크면 클수록 불안 역시 비례해서 커지게 마련이다. 불안을 누르고 마음의 균형을 잡지 않고서는 성공할 수가 없다.

'이제 나는 무엇을 하면 좋을까?' '지금의 나는 이대로 좋은 것일까?'

이렇게 막연한 불안감을 안고 있는 사람은 성공을 향하여 적극적으로 일하는 사람을 보면 압도된다. 불안이 없는 것처럼 보이기 때문에 나도 빨리 자신감을 갖고 싶다고 생각한다.

그러나 아무리 자신 있게 보이는 사람들도 결코 불안이 없는 것은 아니다. 다만, 불안의 종류가 근본적으로 다르다. 그들의 불안은 자기 자신에 대한 막연한 것이 아니고, 자기가 실현하려고 하는 구체적인 목표이다.

꿈을 실현하기 위해서는 나름대로 시간이 걸린다. 그 꿈이 크면 클수록, 실현은 먼 미래의 것이 되어 그만큼 불안도 커진다. 그래도 꿈의 실현에 가까이 다가가기 위해서는 매일 조금씩 진행하지 않으면 안 된다. 그것을 알고 있기 때문에 그들은 담담한 자세로 오늘의 일을 소화시켜 나가는 것이다. 결코, 자신감이 넘치기 때문만이 아니다.

원대한 포부를 가진 사람일수록 불안과 신념의 총량이 커지는 법이다. 그러나 불안이 하나 생기면, 하나의 신념이 그것을 덮어 준다.

필요한 것은 자신감이 아니라 신념이다. 자신감은 무너지는 일이 있지만, 신념은 깊이 생각하기 때문에 무너지는 일이 없다.

성공의 원동력인 신념은 '하고 싶다!' '갖고 싶다!' '되고 싶다!'라는 강력한 욕망에서 싹트며, '할 수 있다' '할 거야' '해내고야 말 거야' 하는 꾸준한 자기 대화로 강화되는 것이다.

자기 대화self talk는 자기 자신과 말하는 것으로, 우리는 하루에도 수많은 자기 대화를 한다.

이 대화는 소리나 형태가 없이 머릿속으로만 하는 사고어思考語일 수도 있고, 말소리나 글자로 나타내는 표현어일 수도 있다.

자기 대화의 권위자 쉐드 햄스테터 박사는 "인간의 잠재능력은 컴퓨터와 같아서, 자기 대화로써 프로그램을 진행시키는 대로 작동한다."라고 한다. 따라서 자기 대화는 반드시 긍정적이어야 하고, 마치 목표가 실현된 듯 현재진행형으로 해야 한다.

이제 당신이 되고 싶은 자화상을 멋지게 머릿속에 그리고, 성공한 당신 자신과 즐거운 자기 대화를 나눠 보라. 당신은 반드시 성공할 수가 있다!

8

자신을 믿는 자가 성공한다

신념을 관철해라

행상인의 가정에서 태어나 석유왕石油王이 된 존 록펠러는 젊은 시절 경리사원으로 입사하여 남들보다 빠른 출세가도를 달렸다. 그는 회사 업무에 익숙해지자 적극적으로 일에 몰두하기 시작했다.

어느 해인가 '영국에 기근이 일어난다'라는 정보를 입수하고, 그는 밀 · 옥수수 · 햄 등을 매점買占 하였다. 견실한 경영을 바라는 사장은 투기에 의한 위험 부담을 염려하여 충고를 했지만, 주저하지 않고 더욱 많이 사들여 창고에 가득 쌓아 두었다.

얼마 후 영국에 기근이 덮쳤고, 미리 사 두었던 식품을 영국으로 운반한 록펠러의 회사는 큰 이익을 보았다.

"저놈은 장사의 천재다!"

이 일을 계기로 존 록펠러의 평판은 널리 퍼져 나갔다. 그러나 호사다마라고 할까, 회사에 큰 이익을 올려준 만큼 연봉 인상을 주장했다가 거부당하자 회사를 그만두게 된다.

회사의 방침을 거역하면서까지 자신의 신념을 관철한 록펠러는 독립하는데 주저함이란 있을 수 없었다. 1858년 불과 열아홉 살의 나이에 중개인회사仲介人會社를 설립하여 석유왕을 향한 출발선을 끊었다.

그러나 순조로운 출항은 아니었다. 농작물이 서리를 맞고 얼어 죽은 상황에서 농민들은 록펠러에게 돈을 빌려 달라고 했다. 또 농민들은 요구가 받아들여지지 않을 경우 '수확을 마칠 때 농작물을 팔지 않겠다'라고 으름장을 놓았다. 회사를 설립한 지 얼마 되지 않은 터라

록펠러에게는 여유 자금이 없었다. 생각다 못한 록펠러는 은행에 융자를 신청했다.

"담보는 있습니까?"

은행직원의 질문에, 록펠러는 다음과 같이 대답했다.

"제가 담보입니다."

상인으로서 명성이 높았던 록펠러의 말에 은행 측도 마지못해 응하였다. 그 일로 농민들의 신용을 얻은 록펠러는 서서히 사업을 확대해 나갔다.

그 후 1860년대에 석유정제업에 진출하여 뛰어난 경영 수완으로 급속히 성장하고, 1882년에는 스탠더드 석유 트러스트를 결성해 석유제국으로 불리는 록펠러의 기반을 구축했다.

1911년 은퇴한 후에는 '세계인류복지의 증진'을 목표로 록펠러 재단을 설립하고, 자선사업으로 인류사회에 크게 이바지한 역사적인 인물이 되었다.

자신의 주특기를 살려라

역사적인 인물이나 주변의 성공한 사람들을 보면 무엇보다도 자신의 신념에 투철했던 사람들이다.

어떤 일이든 처음에는 쉬워 보이지만, 좀 더 깊이 들어가 보면 반드시 넘어야 할 곤란이나 역경이 있었다. 이 곤란과 역경에 어떻게 대처하느냐에 따라서 성공한 사람과 실패한 사람으로 나뉜다.

대다수 사람은 '실패하지는 않을까?' '역경을 벗어날 수 없을 것 같아' 하는 패배주의로 일에 임하기 때문에 실패자가 되고 만다. 그러나 성공하는 사람은 '이것이 고비다. 이것만 넘기면 살 수 있어!' '나는 반드시 성공하고야 말겠다'라는 신념으로 전력투구를 하기 때문에 꿈을 이루고 만다.

일본 도쿄에서 태어난 에가와 히로시는 대학을 졸업하고 1953년에 '일본화법센터'를 설립하였다.

에가와 히로시는 많은 사람이 실력은 있으면서도 표현력이 부족해서 승진도 못 하고 평가절하를 받는 모습이라든가, 부부나 부모자식 간에도 대화가 단절된 안타까운 모습이 동기가 되어 화법 교실을 열었다.

'내가 잘할 수 있는 일본어 사용법을 사람들에게 가르쳐야겠다.'

그러나 기대와는 달리 사람들의 반응은 냉담했다. 데일 카네기가 1912년에 '화술 교실'을 개설하고 받았던 초창기의 푸대접을 에가와 히로시도 똑같이 겪었던 것이다.

그래서 에가와 히로시는 빚을 내 홍보책자를 만들고, 지하철과 신문에 광고를 내는 등 적극적으로 홍보를 하고 나섰다. 얼마 지나지 않아 지극히 내성적이고 표현력이 부족한 사람들이 하나 둘씩 화법 교실로 모여들었다. 그러나 광고료를 충당할 만큼 수강자가 많지는 않아 수억 엔의 빚을 진 에가와 히로시는 절망에 쌓였다.

'내가 왜 이토록 힘든 사명을 지고, 이 고생

을 해야 하나?'

적자경영을 생각하면 당장 걷어치우고 싶었지만, 소극적이고 내성적인 성향을 바꿔 새로운 인생을 개척해 가는 수료생들을 보면서 다시 마음을 고쳐먹었다.

'내가 하는 일은 이 사회에 꼭 필요한 일이야. 내가 힘들다고 안 하면 누가 할 것인가? 기필코 성공하고야 말겠어!'

그 후 40여 년이 지난 후 에가와 히로시의 화법 교실은 도쿄에만 42개가 들어서는 등 매월 수강자가 1천 명 이상이나 되며, 수료생 수만 20만 명이 넘는다. 그리고 전국 주요도시에서 '화법과 인간관계'에 대한 세미나를 성황리에 개최하는 일본 제1의 화법 선생이 되었다.

만약 에가와 히로시가 고난과 역경을 견뎌내지 못하고 중도에서 포기했더라면, 오늘날 '화술 교육의 신'으로 추앙받지도 못했을 것이다. 또 수료생 20만 명의 사람들이 만약 그에게 배우지 못했다면, 표현력 부족으로 아직도 빛을 보지 못했을 것이다.

9

플러스 관념을 단련하라

얄궂은 운명의 장난

어떤 개구쟁이 소년이 산에서 독수리 알 하나를 주워 와서, 알을 품고 있는 암탉의 둥지에 집어넣었다. 한 달이 지나자 여러 병아리와 함께 새끼 독수리도 부화하여 나왔다.

그런데 새끼 독수리는 병아리들과는 달리 몸집이 크고 부리와 발톱이 날카로운 데다 깃털이 별나기 때문에 고민스러웠다.

'나는 왜 이처럼 험하게 생겼을까?'

게다가 겨드랑이 밑이 근질거리며 이상한 날개가 돋아나는 것이 아닌가? 생각다 못한 새끼 독수리는 다른 병아리들에게 따돌림을 받지 않으려고, 돋아나는 날개를 부리로 짓찧었고, 부리는 곡식의 낱알을 쪼아 먹는 데 사용했으며, 발톱은 벌레를 찾아 땅을 헤집는 데 이용했다.

어느 날 밤, 들쥐 떼가 닭장을 습격해 왔다. 닭장 안은 금방 수라장이 되었고, 겁에 질린 닭들은 덩치 큰 새끼 독수리를 쳐다보았다.

그러나 들쥐 떼가 무섭기는 독수리도 마찬가지였다. 왜냐하면, 날카로운 발톱과 부리는 이미 닳아 무디어졌으며, 눈망울에는 힘이 하나도 없어서 닭이나 다를 바가 없었기 때문이다. 밤새도록 다른 닭들과 함께 독수리도 우왕좌왕 도망하러 다니다가 날이 밝았다.

한숨 돌린 닭들은 일제히 독수리를 가리키며 미워했다.

"저건 몸뚱이만 클 뿐, 아무것도 아니다!"

어느덧 세월이 흘러, 닭장 속의 독수리는 다른 닭들과 함께 늙어 갔다. 그러던 어느 날, 구름 한 점 없는 맑은 하늘을 높이 날아다니는 위용 있는 새를 보았다. 매섭게 생긴 부리, 갈고리처럼 보이는 날카로운 발톱, 그리고 우아하게 보이는 멋진 날개…….

그 새의 부릅뜬 눈 아래서는 들쥐는 물론이고 피하지 않는 짐승이 없었다.

"야, 저렇게 멋진 새도 있구나! 나도 저렇게 하늘을 한번 신나게 날아 봤으면……."

초라하게 늙은 닭장 속의 독수리가 중얼거리자 친구 닭들이 말했다.

"이봐! 저건 독수리야. 날개 있는 새들의 왕이지. 그러니 넌 꿈도 꾸지 마. 너는 들쥐한테도 쫓겨 다니는 못난 닭이니까."

세상에는 이 독수리처럼 얄궂은 운명의 장난으로 자기가 누구인지도 모르는 채, 자기의 무한한 능력을 썩혀 버리고 불행한 일생을 살아가는 사람도 있다.

자신의 참모습 발견

어느 목동이 양떼를 이끌고 초원에 풀을 먹이러 나갔다가 사냥꾼에게 잡혀가는 암사자를 목격했다. 그리고 얼마 떨어지지 않은 곳에서 젖먹이 새끼 사자 한 마리를 발견했다.

가엾게 생각한 목동이 새끼 사자를 데려다가 양젖을 먹여서 성년의 사자로 키웠다. 그런데 이 사자는 양젖을 먹고 양떼 속에서 자라나 울음소리도 몸짓도 양을 흉내 냈다.

그러던 어느 날, 목동이 양떼를 몰고 다시 초원에 풀을 먹이러 나갔다. 목동이 기르던 사자도 따라갔음은 물론이다. 그곳에는 사슴, 노루, 토끼, 얼룩말 등 여러 동물이 떼를 지어 한가롭게 풀을 뜯고 있었다.

그런데 갑자기 언덕에 야생 수사자 한 마리가 나타나 "어흥!"하고 포효했다. 그러자 모든 동물들이 혼비백산하여 도망치기에 바빴다. 목동도 양떼도 도망을 쳤으며, 사자도 엉겁결에 함께 도망을 쳤다.

그러나 그 후부터 사자에게는 변화가 생겼다. 초원에서 본 그 사자의 생김새가 자기와 똑같았으며, 그 우렁찬 울음소리가 전율을 느끼게 했고, 더 나아가 온몸에 새로운 힘이 솟구쳤다.

이를 궁금히 여긴 사자는 어느 날, 혼자서 초원으로 나갔다. 그곳에는 역시 여러 동물이 있었다. 다만, 지난날 본 사자만이 보이질 않았다. 그래서 사자는 언덕으로 어슬렁어슬렁 올라가 야생 사자가 했던 것처럼 "어흥!"하고 울부짖어 보았다. 초원에서 한가로이 풀을 뜯던 동물들이 자신의 울음소리에 혼비백산 도망을 치는 모습이 눈에 들어오자 자신감을 얻고는 야생으로 돌아가 늠름한 사자가 되었다.

순한 양과도 같았던 겁쟁이 사자가 한순간에 변할 만큼 야생 사자는 어떤 힘을 준 것일까? 사실 야생 사자가 준 것은 아무것도 없다. 스스로 야생 사자의 울음소리를 통해 자신의 마음속에 내재하고 있던 관념을 깨우쳤을 뿐이다. 무한한 능력을 깨닫는 순간 사자의 힘, 사자의 울음소리, 사자의 행동이 자연스럽게 나와 본래의 모습으로 돌아간 것이다.

긍정적인 말, 그리고 플러스 관념

우리도 이와 마찬가지이다. 우리의 환경이 어떠하든 관념을 어떻게 갖느냐가 무엇보다 중요하다. 왜냐하면, 관념은 힘이기 때문이다.

우리 주위의 사람들을 한번 살펴보자.

스스로 행복하다는 관념을 가진 사람은 더욱 행복해지며, 성공한다는 관념을 가진 사람은 반드시 성공하고, 반대로 자신이 불행하다고 생각하거나 성공할 수 없다는 관념의 소유자는 반드시 그렇게 되지 않던가?

그래서 로마의 철학자 키케로는 "생각하는 것은 생존하는 것이다"라고 했으며, 심리학자 윌리엄 제임스는 "내 세대의 가장 위대한 발견은 인간이 생각을 바꿈으로써 자기 인생을 바꿀 수 있다는 것이다"라고 했다.

이렇듯 성공도 실패도, 행복도 불행도 결국은 관념을 어떻게 갖느냐에 달렸다. 따라서 당신이 진정으로 성공을 바라고 행복한 삶을 원한다면 플러스의 관념, 즉 긍정적이고 적극적인 사고방식을 가져야만 한다.

그 이유는 의식에 들어오는 자극이 잠재의식 속에 받아들여지면 무조건 현실로 나타나기 때문이다. 그것도 일시적이 아니라 영속적으로 작용한다.

다시 말해서 당신이 어떤 생각을 하면 당신의 잠재의식은 그 생각을 의식해서 관념으로 바꾸고 그대로 실현하게 한다. 이때의 생각은 외부로부터 자극을 받은 것이든, 당신 자신의 의지였든 관계가 없다.

관념의 세계, 즉 이미지의 작용은 실로 재미있다.

실제로는 공포의 대상이 존재하지 않더라도, 두려움이라는 관념을 갖고 이미지를 그리면 공포심이 생긴다. 반대로 두려운 것이 실제로 존재하고 있더라도, 공포심을 갖지 않으면 태연할 수가 있는 것이다.

예를 들어 뱀에 대해서 공포심이 있는 사람은 새끼줄만 보고도 뱀이 아닌가 하고 놀라서 도망을 친다. 그러나 땅꾼들은 독사를 보고도 놀라기는커녕 '이놈, 참 잘 만났다' 하고 기쁜 마음으로 접근한다.

플러스 관념을 갖느냐 마이너스 관념을 갖느냐에 따라서 인간의 행동은 달라지며, 그 행동은 성공으로 이어지거나 실패를 겪게 한다. 그렇다면, 성공의 주역인 플러스 관념은 어떻게 가질 수가 있을까? 이 문제에 대해서 나이트 던롭 박사는 다음과 같이 말하고 있다.

"마이너스 이미지를 그리는 습관을 버리고 플러스 이미지를 그리는 습관을 몸에 익히기 위해서는 사고방식의 습관을 '플러스 요소를 가진 말'로 형성하는 것이 중요하다. 인간은 마음속에서 생각한 대로의 인간으로서 존재한다. 그 이상도 그 이하도 아니다."

긍정적인 말로써 적극적인 생각을 하는 것이 플러스 관념을 만들며, 플러스 관념이 곧 성공을 부른다. 타인과의 대화는 말 한마디가 천 냥 빚을 갚지만, 자기와의 대화는 인생을 바꾼다는 사실을 명심할 일이다.

10

당신의 한계는 어디인가?

세상만사 마음먹기에 달렸다

세상만사는 마음먹기에 달렸으며, 어떤 마음을 갖느냐에 따라 삶의 행동을 좌우한다는 사실은 누구나 다 알고 있다. 그럼에도, 대부분의 사람은 마음가짐의 중요성을 인식하지 못하고 있다.

풍선장수가 온종일 공원 한 귀퉁이에서 손님을 기다리고 있었는데 통 팔리질 않았다. 따분해하던 차에 풍선 하나를 실수로 놓쳐 버렸다.

"야! 풍선이 날아간다. 저기 풍선 장수가 있구나."

하늘 높이 치솟는 풍선을 본 아이들이 몰려와 풍선 몇 개를 사 갔다. 이에 재미를 붙인 풍선장수는 간간이 빨간 풍선, 노란 풍선, 하얀 풍선을 번갈아 날려 보내며 신나게 팔았다.

이 광경을 유심히 지켜보고 있던 한 검둥이 소년이 풍선장수에게 물었다.

"아저씨! 저 까만 풍선도 하늘 높이 날아갈 수 있나요?"

풍선장수는 알았다는 듯이 빙그레 미소를 지으면서 다음과 같이 말했다.

"그럼, 날 수 있고말고. 풍선이 날도록 하는 것은 풍선의 색깔이 아니라, 그 속에 들어 있는 수소라는 공기 때문이란다. 자아, 까만 풍선을 날려 보자꾸나."

하늘 높이 치솟는 까만 풍선을 보고서 검둥이 소년은 기쁨에 넘쳐 소리쳤다.

"아저씨, 고맙습니다."

이 이야기가 어찌 풍선에만 해당할 것인가? 사람도 마찬가지다. 성공하는 데는 사람의 피부색이나 생김새가 아닌, 그 사람의 마음속에 깃들인 '할 수 있다!'라는 신념이 중요한 것이다.

한 가지 목표에 집중하라

다니엘 제임스는 1920년 미국 플로리다 주 흑인 빈민가에서 열일곱 남매 중 막내로 태어났다.

이 소년은 미 해군 항공대 옆에 살고 있었기 때문에 매일 같이 하늘에 날아다니는 비행기를 바라보며 자랐다. 열두 살 때는 비행기 조종을 배울 돈을 벌기 위해 공항에서 잔심부름을 했다. 소년의 꿈은 비행기를 타고 하늘을 나는 것이었으나 당시까지만 해도 흑인은 조종사가 될 수 없었다. 제임스는 고등학교를 졸업한 후, 흑인들만이 다니는 대학교에 들어가 풋볼 선수로 뛰었고, 이어서 의사가 된다. 그렇지만, 꿈은 여전히 조종사가 되는 것이었다.

결국, 제임스는 의사도 마다하고 1942년 정부에서 지원하는 민간 조종사 훈련 프로그램을 끝마친다. 이것은 흑인 조종사를 육성하기 위한 특별 프로그램이었다. 그 후 1943년 초까지 육군 항공대 양성소에서 항공부대의 흑인 조종사를 양성하는 민간인 교관으로 채용된다. 마침내 제임스는 항공대 소위로 임명되어 6년 동안 미합중국 전투기 부대에서 근무한다. 그렇지만, 여전히 흑인 조종사들은 사회적으로 인정받지 못했고, 백인들과 평등한 기회도 주어지질 않았다.

그러던 중 1948년에 트루먼 대통령이 군대의 흑백평등을 지시한 이후, 다니엘 제임스는 한국전쟁에 편대장으로 출정한다. 중령으로 승진한 제임스는 맥스웰 공군기지에 있는 항공참모대학교에 근무하고, 워싱턴 D.C에 있는 합중국 공군 방공과에서 10년 동안 지휘관으로도 경험을 쌓는다.

이어서 국방장관의 부보좌관을, 1975년에

는 흑인 최초 4성 장군이 되었으며, 북미 방공사령부 최고 사령관까지 역임하였다.

다니엘 제임스 장군은 성공비결을 다음과 같이 말하고 있다.

"어린 시절 어머니는 내게 항상 용기를 주셨습니다. 그것은 다름 아닌, 우리는 흑인이고 가난하지만 모두 하느님의 자식이라는 것과 올바른 자세로 인격을 도야陶冶하고 열심히 일한다면 누구나 다 성공할 수 있다는 것이었습니다. 그래서 '나도 할 수 있다!'라는 신념을 지니고 줄곧 한 가지 목표로 일관해 온 것입니다."

심리적인 한계가 최대의 적

수많은 젊은이가 야망을 품고 성공의 대열에 서고자 노력하고 있다. 그러나 불행하게도 그들 가운데 대부분은 중도에 포기를 하고 실패자가 되고 만다.

그 이유는 스스로 한계를 느꼈기 때문이다.

한계에는 사회적 한계, 환경적 한계, 육체적 한계, 심리적 한계 등등 실로 여러 가지가 있는데, 그 중에서 가장 성공의 방해가 되는 것은 심리적 한계이다.

전도유망한 젊은이가 의사로부터 선고를 받았다.

"당신은 지금 백혈병으로 죽어 가고 있소."

이 말을 들은 젊은이는 시합도중에 수건을 던져 버린 권투선수처럼 모든 것을 포기했다. 직장도 결혼도 포기하고 약값으로 수많은 돈을 날렸다. 그리고 밤낮으로 폭음을 일삼았으며, 대부분의 시간을 혼자서 비관하며 지냈다.

그는 오직 죽음의 날만을 기다리고 있었다. 아니, 그는 이미 죽어 버린 것이나 다름없었다. 그러나 5년이 지나도 살아 있자 다시 병원을 찾아 재검사를 받았는데 처음 진찰한 의사가 오진을 했고, 백혈병에 걸리지 않았다는 결과가 나왔다.

그 후 그 젊은이는 심기일전, 열심히 일해서 재기하는 데 성공했다.

젊은이는 자기가 죽어 가고 있다고 생각했을 때 스스로 파탄의 길로 들어섰으며, 자기가 백혈병이 아니라는 사실을 알았을 때 희망찬 삶의 길로 나아갔다. 단지 변한 것이 있다면 스스로의 '생각' 뿐이었다.

인간의 비극은 희망을 포기하는 데서 싹튼다.

한계는 성공의 문턱이다

브라이언 테일러는 100마일 이상의 자전거 주행 기록이 있으며, 미국 암 협회를 위하여 모금운동을 한 아홉 살짜리 소년이다.

브라이언 테일러는 한쪽 발이 없다.

어느 날 브라이언은 친구들이 자전거 타는 모습을 보고 집으로 돌아와 어머니를 조르기 시작했다.

"엄마! 저도 자전거를 배우고 싶어요."

그 말을 들은 어머니는 깜짝 놀랐다.

"뭐라고? 두 발이 다 성해도 배우다가 넘어지기 일쑤인데. 얘야, 넌 안 된단다."

"하지만, 엄마, 전 꼭 배우고 싶어요."

몇 날 며칠을 졸라대어 겨우 어머니의 승낙을 받았다. 그러나 한쪽 발이 없는 소년이 자전거를 타기란 결코 쉬운 일이 아니었다. 어머니는 브라이언이 다칠까 봐 조마조마하면서도, 배우고자 하는 아들의 열망에 적극적으로 도와주었다. 브라이언은 자전거를 두 대나 망가뜨릴 정도로, 자전거를 타기까지에는 적지 않은 노력과 끈기가 필요했다.

브라이언은 자전거의 페달을 더 빨리 밟기 위해 자신의 발을 페달 위에 묶어 버리고, 연습에 연습을 거듭한 결과 누구보다도 자전거를 잘 탈 수 있게 되었다. 그리고 100마일 이상의 자전거 주행에 도전하여 성공을 거두었다.

열망과 끈기를 가지고 노력을 하면 안 되는 일은 없다. 노력을 한다는 것은 곧 실패의 위험을 감수한다는 뜻이기도 하다. 실패를 피하는 길은 딱 한 가지, 아무것도 하지 않는 것이다.

성공이라는 월계관은 한계에 적극적으로 도전하는 자들만이 쓸 수 있는 영광이다.

11

당신은 어떤 변신을 원하는가?

벌레로 변신한 사나이의 비극

체코의 실존주의 작가 프란츠 카프카가 1915년에 발표한 소설 〈변신〉에는 다음과 같은 이야기가 나온다.

어느 날 아침, 잠에서 깨어난 그레고어는 흉측한 벌레로 변신한 자신을 발견하고 기겁을 한다.

처음에는 악몽일 것이라고 생각했지만 분명한 사실이었고, 가족들도 그레고어가 한 마리의 큰 벌레로 변해 버렸다는 사실을 알고는 징그럽고 끔찍한 형상 때문에 접근하기를 꺼린다. 자기가 인간이라는 의식은 있지만, 벌레의 몸으로 변신한 그레고어는 벌레의 습성대로 어둡고 습한 곳만을 찾고, 썩은 음식을 좋아한다.

커다란 몸뚱이에 비해 비참하게 야윈 수많은 다리 때문에 제대로 움직이지도 못하고, 계속 방 안에만 갇혀 지내면서 가족들이 던져주는 빵 조각이나 과일 등으로 구차한 삶을 연명한다.

그러던 어느 날, 벌레인 그레고어가 어머니를 놀라게 해서 실신하게 한 데 격분한 아버지가 사과를 마구 집어던졌다. 그 중 하나가 그레고어의 등을 맞혀 여린 살을 파헤치며 꽂혔다. 순간 그레고어의 등은 못을 박은 것처럼 아팠고 오관이 흐려져서 그만 실신하고 만다.

한 달 이상이나 그레고어는 등의 상처 때문에 괴로움을 당하고 있었다. 그 모습이 측은했던지 아버지도 마음을 바꾸어, 아무리 벌레가 되었어도 가족의 일원임은 틀림없으니까 원수처럼 대해서는 안 된다고 생각하게 되었다.

그런데 또다시 큰 소동이 일어난다. 생계수단으로 하숙을 치고 있었는데, 어느 날 하숙생들과 가족이 모인 자리에서 누이동생이 바이올린을 연주하고 있었다. 그때 그레고어가 흉측스러운 모습으로 사람들 앞에 나타난 것이다. 놀란 하숙생들이 모두 나가겠다고 하자, 누이동생이 화가 나서 외친다.

"절대 이대로는 살 수 없어요. 저것을 없애 버려야 해요! 우리는 저것을 가족이라고 먹여 살리면서 지금껏 참고 지내 왔어요. 우리는 인간으로서 할 수 있는 일은 다한 거예요."

아버지도 할 수 없이 동의를 했다.

'저놈이 우리 기분을 알아준다면……' 하는 아버지와 '스스로 벌써 나가 버렸어야 했다'라는 누이동생의 외침을 들으면서, 갖은 힘을 다해 자기 방으로 들어간 그레고어는 조용히 삶을 마감한다.

플러스 변신을 해라.

다람쥐 쳇바퀴 돌듯이, 매일 아침 출근하여 상사와 업무에 시달리고 고객에게 들볶이느라 맥이 빠져 축 처진 어깨로 밤늦게 퇴근해야 하는 것이 현대인의 생활이다.

그러다가 어느 날 갑자기 자신의 삶이 벌레 수준을 벗어나지 못하고 있다는 자각이 들어 불안과 절망으로 몸부림치는 사람이 얼마나 많은가?

우리가 어떤 인생행로를 가든 '내가 지금 어디쯤 가고 있는가?'하고 자문해 보는 것은 대단히 중요하다. 그리고 그 대답은 긍정적이라야 한다.

"어휴! 이 지겨운 생활을 언제나 면하지."

출퇴근 시간을 만원 버스나 지하철에 시달리는 대부분의 샐러리맨은 이렇게 푸념한다. 그러나 똑같이 주어진 상황 속에서도 다르게 말하는 사람들이 있다.

"젊어서 고생은 사서도 한다고 했어. 나도 이 생활을 발판으로 성공을 향해 변신할 날이

머지않았어."

이렇듯 성공한 사람들은 주어진 상황을 긍정적으로 받아들이고 목표를 향해 돌진한다. 그러나 실패한 사람들은 주어진 상황을 부정적으로 받아들이고 끝내 좌절하고 만다.

신문이나 잡지에 크게 기사화된 성공한 사람들의 얼굴을 훑어보고 이렇게 말하는 사람들이 있다.

"과연 이 사람의 관상이 나보다 나은 건가?"

"나도 든든한 배경만 있었더라면 이보다 더한 일도 할 수가 있다고."

"나도 한때는 한가락했어."

이렇게 생각하는 사람들 대부분은 실패한 사람들이다. 자기가 갖지 못한 것을 남이 많이 가졌다고 시기하고, 남들의 숨은 노력을 보지 못하는 운명론자가 되기 십상이다. 또한, 자신의 만족스럽지 못한 현실에 욕구불만을 갖고, 운명이나 따지며 푸념만을 늘어놓고, 과거에만 집착하거나 남을 시기하는 자세는 마이너스 변신을 가져올 뿐이다.

진정으로 성공한 사람이 되고 싶다면 관상이나 사주팔자보다는 성공한 사람들의 인생담에 귀를 기울이고, 그들의 행동철학을 귀감으로 삼아 한층 더 노력하는 플러스 변신을 해야 한다. 성공한 사람으로의 변신은 미용실에서 남이 해주는 신부화장처럼 일시적인 변신이 아니기 때문이다.

원하는 대로 변신할 수 있다

20여 년 전, 한국언어문화원이 주관한 '언어교양대학'의 성인강좌에 스무 살가량의 한 비구니가 참석했다.

비구니의 법명은 법한法漢, 속명은 박현신으로 집안에서 4남 1녀 중 외동딸이었다. 비구니는 아홉 살이 되던 해에 '수명이 짧다'라는 한 스님의 말만 믿고 보문사라는 절에 입문한 후 갖은 고생을 다했다. 어렸을 때는 미처 몰랐지만 성장하면서 현실의 자기생활에 만족할 수가 없었다. 그 결과 욕구불만이 쌓여 주위 사람들과 충돌이 잦았고, 신세 한탄도 이만

저만이 아니었다.

그러던 어느 날, 우연히 신문광고를 통해 '언어교양강좌'에 참석하게 되었고, 나와 상담을 하게 되었다. 비구니는 우선 학력에 대한 콤플렉스가 무척 심했다.

"뜻이 있고 각오만 굳세다면 길은 반드시 있습니다. 대학까지도 독학으로 갈 수가 있어요. 검정고시를 준비해 보시지요."

나의 말에 비구니의 눈빛은 빛났고, 해보겠다는 말을 남기고 돌아갔다. 그로부터 21개월만에 대입검정고시까지 합격했다. 실로 놀라운 잠재능력이었다. 그 후 동국대학교 국어국문과에 입학했고, 졸업과 동시에 일본으로 유학을 떠났다.

정규교육을 받고 부모의 뒷받침이 있어도 들어가기 어려운 대학을 비구니의 신분으로 아르바이트를 해가면서 졸업하고, 뜻한 바 있어 다시 의학공부를 하러 일본으로 간 것이다. 한동안 소식이 끊겨서 궁금했는데, 그동안 동경 의료전문학교를 졸업하고, 국가고시에 합격하여 침구사鍼灸師가 되어 있었다.

얼마 전에 집으로 찾아온 비구니를 만났다. 그동안 참으로 많은 고생을 했지만 지금은 일본인들에게 실력을 인정받아 수입도 좋고 지낼 만하다며 해맑은 표정을 지었다.

"그래, 앞으로는 또 무엇을 할 작정입니까?"

"좀 더 공부해야지요. 배움을 마치고 나면 한국으로 돌아와 어려운 사람들을 위해 의료 봉사를 할 겁니다."

세상 모든 일은 마음먹기에 달렸으며, 성공하려고 노력하면 얼마든지 성공할 수 있다는 본보기가 아닌가 한다.

어둡고 더러운 곳에서 긴 세월 동안 성장한 굼벵이가 매미로 변신하고, 보기 싫은 애벌레가 나비로 탈바꿈하듯이 우리의 변신도 아름다운 플러스 변신이라야 한다.

당신이 마음먹은 대로, 원하는 대로 변신할 수 있다.

12

변화하는 자만이 성공한다

기업 활동은 전쟁이다

언젠가 대기업 총수들을 모아놓고, 정부의 경제정책을 설명하던 장관이 다음과 같은 예를 들었다.

어느 작전 사령관이 각 군의 지휘관들과 함께 작전계획을 세우면서 이렇게 말했습니다.

"저기에 고지가 있다. 저곳에는 엄청난 보물이 숨겨져 있는데, 문제는 지뢰밭이라는 점이다. 어느 부대가 그 보물을 가져올 수 있겠는가?"

사령관의 말에 각 군의 지휘관들은 서로 눈치만을 살필 뿐 선뜻 나서지를 않았습니다. 군인의 본분인 국가를 지키는 일이라면 몰라도, 보물찾기에 목숨을 걸 필요가 없다고 생각했는지 모릅니다. 그때 고지를 향해 지뢰밭을 용감무쌍하게 진군하는 사람들이 있었습니다.

"저들은 도대체 어떤 부대인가?"

사령관의 질문에 한 지휘관이 다음과 같이 대답했습니다.

"저들은 세상에서 가장 무서운 집단입니다. 이익만 있다면 물불을 안 가리고 지옥에라도 뛰어드는 장사꾼들입니다."

장관의 말이 여기에 이르자, 대기업 총수들은 일제히 환호하며 박수갈채를 보냈다. 그러나 삼성그룹 이병철 회장만은 시큰둥한 표정으로 콧방귀를 뀌었다.

모임이 끝나고, 이병철 회장의 비서가 물었다.

"회장님! 아까 장관의 말에 왜 박수를 보내

지 않으셨습니까?”

그러자 이 회장은 다음과 같이 대답했다.

“그게 무슨 새삼스러운 말이라고. 우린 벌써 그렇게 해왔잖아. 이건 목숨을 걸고 하는 싸움이야. 전쟁이라고, 전쟁!”

변화를 갖는 자와 갖지 않는 자

“시대 변화의 속도는 우리가 이동할 수 있는 속도와 같다.”

일찍이 미래학자 조 폴이 한 말이다.

옛날에 인간이 말 타고 이동할 수 있는 거리는 한 시간에 60킬로미터였다. 그로부터 1,500년이 지난 후에도 한 시간에 60킬로미터를 갈 수 있는 것이 한도였다.

그러나 오늘날은 시대가 급변하고 있다. 지난 100년 사이에 기차에서 자동차로, 프로펠러 비행기에서 제트기, 스페이스 캡슐, 로켓 등으로 진보하여 이동 속도가 시속 60킬로미터에서 3만 킬로미터 이상으로 되었다. 앞으로는 더욱 빨라질 것이다.

시카고 대학교 총장 로버트 허킨스 박사에게 누군가가 질문을 했다.

"이 훌륭한 대학에서 공부하고 나가는 졸업생에게 꼭 가르치고 싶은 것은 무엇입니까?"

그러자 다음과 같이 대답했다.

"피할 수 없는 변화에 어떻게 대처해 나가느냐 하는 기술입니다."

좋든 싫든 우리는 변화하는 사회 속에서 살아갈 수밖에 없다. 기업은 물론 개인도 변화하지 않으면 도태되고 만다.

세계적인 기업 소니는 Beta 방식의 VCR을 생산한 개척자였다. 그래서 여러 해 동안 갖가지 제품이 Beta 방식에 맞도록 만들어졌다. 그런데 다른 기업에서 VHS 방식을 개발했다. 소비자들은 이 방식이 마음에 들었던지 VHS 방식을 선호했다. 그러자 얼마 지나지 않아 Beta 방식의 VCR은 거의 자취를 감추고 말았다. 그래도 소니는 자회사에서 만든 Beta 방식을 고집하며 완고하게도 Beta 제품을 계속 생산했다. 재고는 쌓이고 수요 없는 생산은 마침내 중단하지 않을 수 없게 되었다. 뒤늦게 사태의 심각성을 깨닫고 VHS 방식의 도입을 결정했지만, 그 결과는 수백만 달러에 이르는 손해를 감수해야만 했다.

이와는 반대로 발 빠른 변화로 위기를 기회로 만든 기업이 있다.

코카콜라는 미국 음료시장의 63퍼센트를 점유하고 있었다. 그런데 한때 펩시콜라가 신세대 취향의 새로운 콜라를 생산한 후, 대대적인 광고 전략을 펴면서 도전해 왔다. 코카콜라는 펩시콜라의 도전을 무시하지 않고 즉각 대처했다. 펩시와 비슷한 맛의 새로운 콜라를 만들어 내고는 종전의 맛을 유지한 콜라에는 '클래식 코크'라는 새로운 이름을 달아 차별화를 주었다.

그 결과는 고객에게 선택의 자유를 주었을 뿐만 아니라, 타성에 젖어 있던 사원들에게 흥분된 열기와 적극성 그리고 슈퍼마켓의 매장 획득 경쟁에 대한 자각을 불러일으켜 대성공을 거두었다.

성공하려고 하지 않는 자는 이미 죽은 자이다 개인이건 기업이건 변화를 피할 방도는 없다. 다만, 변화에 적응하면서 변신하는 길만이 성공을 향해 가는 길이다.

격변과 각축의 시대에 생존하고 성공한 사람이 되기 위해서는 변화의 철학을 익혀야 한다. 성장을 계속할 수 있는 유일한 방법은 유연하게 변화에 적응해야 한다.

13

소속가치보다 존재가치가 중요하다

가치관이 달라지고 있다

어느 중소기업에 강의를 갔다가 재미있는 장면을 목격했다.

"이 회사의 초봉이 얼마입니까?"

"대졸자는 80만 원입니다."

"그럼, 보너스는 몇 퍼센트나 되나요?"

"600퍼센트입니다."

"근무지는 서울입니까?"

"그건 입사한 뒤에 정해질 겁니다."

"그렇다면, 지방에 근무할 가능성도 있겠네요. 한 가지 더 물어보겠습니다. 휴가는 연간 며칠이나 줍니까?"

대학생 한 명이 입사원서를 얻어 가면서 심문조로 꼬치꼬치 캐묻고 있었다. 그 학생이 나가자 인사부장은 못마땅한 표정으로 푸념을 늘어놓는다.

"세상 참 많이 달라졌습니다. 제가 입사할 때만 해도 조건이 어디 있었습니까? 취직을 하느냐 못하느냐로 고민했지요. 그런데 요즘은 당돌하기 짝이 없습니다. 그것도 실력이나 제대로 갖췄다면 이해가 가지요. 실력도 별로 없으면서 조건만을 따지는 겁니다."

인사부장은 나라의 앞날이 걱정이라는 말까지 하면서, '이해 못 할 신세대'라고 하소연이다.

중소기업이라서 그런 것만은 아니다. 대기업도 이런 현상은 마찬가지이다. 교육 대상이 200명이라고 했는데, 막상 강의하러 가보니 160명 정도밖에 안 되었다.

그래서 교육담당자에게 물어보았다.

"200명이라고 하더니 적어 보이는데요. 줄

여서 뽑은 겁니까?"

"아닙니다. 200명을 합격시켰는데 복수지원자들이 있어서 20명 정도는 합격하고도 오지를 않았습니다. 그리고 20명은 교육받는 도중에 탈락했습니다."

"탈락한 신입사원은 연수태도가 좋지 않아서 한 겁니까?"

"웬걸요. 요즘 젊은이들은 취직을 했다가도 자기의 비위에 안 맞으면 무조건 그만두는 겁니다. 이해할 수가 없습니다."

왜 이런 현상이 일어나고 있을까? 신세대와 기성세대는 무엇이 다르기 때문일까? 한마디로 가치관이 변했기 때문이다.

1960년대부터 30여 년간 우리나라는 사회심리학자 에리히 프롬이 지적한 '소유가치 우선의 시대'라고 할 수가 있다.

'시급한 민생고를 해결하겠다'라는 5·16쿠데타 세력이 내세운 공약이 달콤하게 들렸던 것도 호구지책이 어려웠던 시절이었기 때문이다. 물불 가리지 않고 밤낮없이 일해 왔던 것도 커다란 빵을 만드는 것을 최우선으로 했기 때문이다.

시대가치란, 그 시대에 살고 있는 사람들의 비슷한 생활관인데, 먹고살기 바빴던 시절에는 안정 지향을 추구했다. 그래서 큰 회사에서 근무하고 중요한 자리에 앉는 것을 목표로 삼았고, 그 결과 인물평가기준은 '어떤 회사에 근무하느냐?'였다. 유명한 기업에 근무하는 것만으로도 좋은 평가를 받아왔었다.

소속이 어디인가로 인물이 평가되는 시대에는 일류 대학을 졸업하고, 일류 기업에 취직해서 과장, 부장, 임원으로 계속 승진해 가는 것을 성공이라고 보았다. 그렇기 때문에 부모들은 자녀를 일류 대학에 입학시켜서 엘리트 코스를 밟게 하려고 필사적이었으며, 지금도 그런 경향은 뿌리 깊게 남아 있다.

그러나 점차 경제적으로 안정되고 정신적인 여유가 생기자 '개성을 살리고 자기의 꿈을 실현하는 인생이야말로 진정한 성공'이라는 생각이 사람들의 마음속에 널리 퍼지게 되었다.

소속이 어디인가로 인물을 평가하는 소속가치보다는 사람의 개성을 통해 평가하는 존재가치로 가치관의 중심이 옮겨지기 시작했다. 오늘날 많은 사람이 '개성을 활용하는 인생을 살고 싶다'라는 쪽으로 기울어졌으며, 특히 젊은 층에서는 '자기실현 = 성공'이라는 새로운 성공관이 정착하고 있다.

신입사원의 취직 동기가 회사의 장래성보다는 '자기의 능력을 살린다'라는 쪽으로 가치관이 옮겨지고 있으며, 아무리 힘들게 입사했더라도 자신을 위해서 좋을 것 같지 않다고 판단되면 회사를 포기해 버린다.

요원이 아닌 인재가 되어야 한다

바야흐로 우리나라도 이미 개성화의 시대, 다양한 가치관의 시대로 접어들고 있다. 특히 '소속가치에서 존재가치의 시대'로 옮겨오는 과도기적 현상이 곳곳에서 일어나고 있는 것이다.

이러한 시대에는 기업 활동도 대량생산, 대량소비에서 다품종 소량생산이라는 고객의 요구에 맞춰야 하며, 조직은 일방적인 명령에 무조건 따르라는 식으로는 안 된다. 더구나 개인은 신구세대 모두 전문가가 되어야 한다.

우리보다 일찍 시대변화를 맛본 미국이나 일본에서는 이미 중장년 사원에게 회사는 냉담한 태도를 보이고 있다. 종신고용제도가 큰 기둥이었던 일본에서도 '관리자 학살 게임'이 한창이다.

그 이유는 '사원의 수명이 20년'이라는 것이다. 사원이란 표준적인 일을 표준적으로 처리하는 요원이다. 요원의 역할에 가장 적합한 사람이 입사 후 20년이며, 그 후로는 연공서열에 따른 높은 급료에 비해서 기여도가 낮다. 따라서 사원수명의 한계인 40대 중반까지 요원이 아닌 인재가 되어 있지 않으면 안 된다.

요원과 인재는 어떻게 다를까?

요원要員은 다른 사람과 대체할 수 있는 숫

자로 표현되는 존재이지만, 인재人才는 그 사람 고유의 개인명個人名으로 표현되는 존재이다.

인재는 전문가로서 회사 내에서뿐만 아니라 회사 밖에서도 개인명으로 알려졌기 때문에 언제든지 전직과 독립을 할 수가 있다. 경영에도 자신이 있고, 필요할 때는 라인에도 근무할 수 있는 강한 존재이다. 그러나 같은 중간관리자라도 전문가로서 경력을 쌓지 못한 사람은 회사를 떠나면 아무것도 할 수 없는 나약한 존재로 떨어질 수밖에 없다.

대학을 졸업하고 일본경제신문사에 입사해서, 승진을 거듭하던 다나카 마스미는 직장생활 15년이 되었을 때 한 가지 의문이 생겼다.

'이대로 정년까지 갈 것인가? 이 생활로 만족할 수 있을까?'

마음속 한구석에서는 '프로로서 살고 싶다'라는 강렬한 욕망이 솟구치는 것을 억제할 수가 없었다.

'내가 프로로서 살아갈 무기는 무엇인가?'

여기까지 생각한 그는 사내 강사社內講師로는 인기가 있었지만, 전문가들이 각축전을 벌이는 프로 세계에 뛰어들기에는 자신의 화술이 부족하다는 것을 깨달았다. 그 후 그는 만사를 제치고 화술 훈련에 전념했다. 우선 직장생활과 병행하게끔 토요일과 일요일에 실시하는 강좌를 마치고, 뒤이어 야간 강좌에 다니면서 실력을 다졌다. 프로가 될 것을 결심한 후 5년 동안은 회사 업무 이외에는 화술 연마에 자신의 모든 것을 투자했다. 40대 중반을 눈앞에 두고 있는 그는 중역 자리를 마다하고, 자신이 원하던 전문 강사가 되어 현재 일본에서 가장 인기 있는 뛰어난 강사 중의 한 사람이 되었다.

14
결단의 시기를 간파하라

결단의 순간에 망설이지 마라

1992년 12월 26일, 모스크바의 크렘린 궁에서는 세계가 주목하는 한 인물의 귀거래사歸去來辭가 있었다.

미하일 고르바초프. 1917년 볼셰비키 혁명 이래 초강대국 소련을 지배해 온 공산당 서기장으로 출발하여 소비에트 연방 대통령에 올랐던 인물이다. 개혁과 개방으로 무기력해진 소련을 세계무대의 전면에 내세우려 했던 그가 개혁 실패의 책임을 떠맡으면서 조용히 역사의 무대 뒤로 사라지면서 퇴임연설을 했다.

“만일 가야 한다면 가야만 한다. 이제 그럴 시간이 된 것뿐이다.”

떠나야 할 시간이 왔으므로 떠난다는 퇴임의 수사修辭는 참으로 공허하게 들린다.

세계사의 주역으로서 그만큼 강렬한 스포트라이트를 받았던 인물도 드물었다. ‘회색곰’으로 불리는 소련의 강력한 지도자로서 일거수일투족 뉴스거리가 됐던 고르바초프. 비록 떠나야 할 시간이 왔다고는 하나 어찌 분노와 회한이 없을까.

그러나 이 날의 고르바초프는 위엄을 상실하지 않은 의연한 모습이었다. 발걸음은 활기찼고 미소는 여전했다. 목소리는 엄숙했으며 간결함이 돋보였다.

오히려 고르바초프의 퇴임연설을 듣는 모스크바 시민이나 세계 사람들의 가슴에 뭉클한 감동과 아쉬움을 느끼게 하는 장면이 연출되었다. 어쩌면 그것은 필연이었다고 공감하면서, 떠나는 모습을 지켜보고 있었다는 편이 맞으리라.

결단의 순간을 내려야 할 때는 누구에게나 있다. 지도자의 결단만이 소중한 것은 아니다. 일상의 평범한 인물들에게도 결단의 지혜는 요구된다.

결단은 시기가 중요하다. 지혜로운 결단이란 시기 선택에서 결정난다.

결단은 시기 선택에 따라 갈림길을 만든다

중국의 전설적인 명의名醫로 알려진 편작扁鵲이 제나라의 환공을 진찰하였다. 진찰을 마친 편작은 잠시 동안 말없이 서 있다가, 다음과 같이 말했다.

"왕께서는 병에 걸려 있습니다. 병은 표피表皮에서 조금 들어간 상태입니다만, 지금 치료해야 합니다."

환공은 그의 말을 믿을 수가 없었다.

"그럴 리가…… 나는 별로 아픈 데가 없는데."

며칠 후 편작은 다시 환공을 진찰하였다.

"왕이시여, 이제 병은 피부 아래까지 침투

했습니다. 지금 치료하지 않으면 병은 점점 깊이 파고들어 갈 것입니다."

그러나 환공은 치료를 받겠다는 언질을 주지 않았다. 실망한 편작은 맥없이 물러나고 말았다.

그로부터 며칠 후 진찰하러 들어온 편작은 환공을 힐끔 보더니 몸을 돌려 도망치는 것이 아닌가? 의아하게 생각한 환공이 사람을 보내어 그 이유를 물었다.

그러자 편작이 말했다.

"병이 피부에 가까울 때는 탕약으로 낫게 할 수가 있습니다. 피부 아래까지 들어갔더라도 침으로 치료할 수가 있습니다. 그러나 병이 골수에 스며들었을 때는 이미 늦습니다. 주군의 병은 이제 골수까지 미쳤습니다. 이제는 저로서도 치료할 수가 없어 도망쳤던 것입니다."

편작의 말을 들은 며칠 후, 환공은 뼈 마디마디가 아프기 시작하는 통증을 느꼈다. 부랴부랴 사람을 보내어 편작을 찾았다. 그러나 그때는 이미 편작이 나라 밖으로 피신한 후였다.

그 며칠 후 제환공은 죽고 말았다.

춘추시대 패자로서 훌륭한 군주로 칭송받던 제환공이었으나, 마음의 결정을 내리는 시기를 놓쳐 그의 삶과 죽음을 갈라놓았던 이야기이다. 결단은 시기 선택에 따라 갈림길을 만든다.

마음을 비운 영웅적 결단

'이제 전쟁 영웅이 필요한 시기는 지나갔다.'

제2차 세계대전이 끝나자 영국의 총리 윈스턴 처칠이 내각수반의 자리를 내놓으며 한 말이다. 독립운동의 지도자 이승만 대통령이 영구집권을 꾀하다 망명객이 되었고, 경제부흥의 주인공 박정희 대통령이 유신헌법을 만들어 권좌에 연연하다가 비참한 최후를 맞이한 것을 지켜본 우리에게는 참으로 경이로운 고별사가 아닐 수 없다.

그런가 하면 영국에 망명정부를 수립하여,

독일 지배하의 프랑스 국민에게 희망의 빛이 되었던 드골도 1969년 지방행정 개편안이 국민투표에서 패하자 다음날 바로 대통령직을 사임하였다.

암울한 시대의 빛이었던 영웅이 영광의 자리에서 물러갈 수 있었던 그 결단의 용기는 어디에서 비롯된 것일까? 반면에 이승만과 박정희, 그들이 보여준 집착과 미련의 아쉬움은 어디에서 나온 것일까?

우리는 상반된 행동을 보인 인물들을 통해 하나의 지혜를 얻을 수가 있다.

결단의 용기가 요구될 때는 대개 위기의 순간에서이다. 따라서 어떤 극적인 계기를 통해 위기를 극복하고자 하는 행동을 결단이라고 한다.

위기라는 말은 '위험'과 '기회'의 합성어이다. 그러나 실제로 위기의 상황에서는 올바른 판단을 내리기가 쉽지 않다.

위대한 인물은 자기의 것을 내놓음으로 해서 결단을 상징한다. 그러나 그렇지 못한 사람은 자기의 것을 굳게 지키는 것으로 결단을 대신한다. 아전인수 격으로 매사를 자기에게만 유리하게 해석하여 절호의 기회를 스스로 놓치고 만다.

명분에 집착하여 모양새를 따지는 것도 어리석다. 불경에서도 '색즉시공 공즉시색'이라고 하지 않던가? 흔히 '마음을 비운다'라고 하는데, 진정 마음을 비운 자만이 비운 그릇을 가득 채울 공간을 갖게 된다는 이치와 같다. 처칠과 드골은 마음을 비워서 역사 속에 영웅이란 이름으로 기록되었고, 마음을 비우지 못한 인물들은 역사 속에 독재자란 불명예가 붙을 따름이다.

토끼가 죽으면 사냥개를 삶는다

《초한지楚漢誌》의 주역 가운데 하나였던 한신韓信은 유방과 항우의 두 기둥 틈새에서 독자적인 세력을 구축하고 있었던 실력자였다. 한신이 마음먹기에 따라 두 영웅 중 하나는 승자로, 또 다른 하나는 패자가 될 판이었다.

한신으로서는 참으로 어려운 결단의 순간이었다.

군사의 수효에서나 통솔력에서는 오히려 두 인물을 능가했다. 출중한 지도력으로 홀로 서기도 가능했다. 그의 재능을 아낀 재사才士 괴통이 한신의 독립을 부추겼다. 그러나 한신은 고민 끝에 유방의 편에 섰다. 강력하게 독립을 권유했던 괴통은 장탄식을 하면서 떠나갔다.

한신의 도움으로 유방이 천하를 평정했지만, 태평 시대가 오자 한신은 쓸모없는 사냥개가 되었다. 유방에게는 만만치 않은 세력을 지니고 있는 한신이 '뜨거운 감자'였다.

마침내 유방의 올가미에 걸린 한신은 참살을 당하고 만다.

한신은 피를 토하는 심정으로 외쳤다.

"내 일찍이 괴통의 말을 들었더라면, 사냥을 할 토끼가 없는 사냥개 신세는 되지 않았을 것이 아닌가?"

이렇게 비명에 간 한신과는 대조적인 인물

이 장량張良이다.

장량은 유방의 전략가로서 이름을 떨쳤으며 유방이 패업霸業을 일구는 데 일등 공신이었다. 천하를 제패한 후 유방은 장량에게 3만 호의 식읍食邑을 내렸다. 그러나 장량은 겸손하게 자신의 공적을 낮추면서 말했다.

"세 치의 혀로 제왕의 스승이 되고, 제후의 자리에까지 오른 영달만으로도 저에게는 과분합니다."

장량은 3만 호의 식읍을 마다하고, 마지못해 받은 1만 호의 식읍도 얼마 안 가 버린 채 속세를 등졌다. 자기의 역할과 소임이 끝났을 때, 과감하게 자리를 버릴 줄 알았던 장량이었기에 한나라 대대로 존경받는 인물로 남았다.

인생이 순탄하기만 한다면 뼈를 깎는 고통스러운 결단은 없으리라. 극적인 계기가 필요 없는 인생에는 결단의 아픔은 없다.

그러나 인생의 묘미는 가난과 신고辛苦 속에서 얻어진다. 곧 위기의 순간을 거듭하면서 새로운 인생의 무대가 펼쳐진다는 말이다.

세계의 환경이 변화하고 국내의 상황이 급변하는데, 개인의 환경에 어찌 변화가 없기를 바랄 것인가. 격변하는 시대적 상황에서 성공하는 사람의 위치에 오르는 과정은 거듭된 결단의 소산일 따름이다.

특히 결단은 시기가 중요하다. 시기를 놓친 결단은 바람직한 효과를 기대할 수 없다. 결단의 시기를 놓치는 분명한 이유 중 하나는 집착 때문이다. 아직은 시기가 무르익지 않았다고 미루는 집착, 모든 것을 포기할 수 없다는 집착, 과거의 명예와 지위에 대한 집착, 내일의 불안정한 상황에 대한 집착 등이 결단의 시기를 놓치게 한다.

한 번 놓쳐 버린 시기는 다시 되돌릴 수가 없다.

명예로운 명분을 찾다가는 운신運身의 폭이 좁아지고 만다. 부득이 물러서야 한다면 모든 것을 포기하는 마음가짐이 없으면 안 된다.

15

약점을 승리의 무기로 승화시켜라

당신의 나이는 지금 몇 시인가?

연세가 지긋한 노인 한 분이 한국언어문화원의 '스피치 세미나'에 수강 신청을 하러 왔다.

"할아버지, 어떻게 오셨나요?"

"응, 말을 좀 배워 보려고."

"무슨 말을 배우시려고요?"

"연설이라 해야 하나? 여러 사람 앞에서 말하는 법 말이야."

너무도 뜻밖이라서 나이를 여쭤 보았다.

"할아버지, 올해 연세가 몇이신데요?"

"나이? 일흔네 살밖에 안 먹었어."

"일흔네 살밖에 라고요? 그 연세에 새삼스럽게 말하는 법을 배워서 뭐 하시려고요?"

그 할아버지가 화법을 배우겠다는 사연인즉, 젊어서부터 지금까지 한 번도 대중 앞에서 만족스럽게 말해 본 경험이 없단다. 하고 싶은 말도 많고 또 대중 앞에 나설 기회도 많았는데, 내성적인 성격이라서 그런지 여러 사람 앞에 나서기만 하면 긴장이 되어 횡설수설하다가 망신만 당했다는 것이다.

그래서 인간관계는 술을 산다거나 춤을 추고 노래를 부르는 것으로 처세를 대신해 왔는데, 평생소원이라면 다른 사람들처럼 자신의 생각을 조리 있고 자연스럽게, 당당하게 말해 보는 것이란다.

그리고 그 할아버지는 이런 말을 덧붙였다.

"김 선생! 내가 5년을 더 살는지, 10년을 더 살는지, 아니 내일 죽을지도 몰라. 그러나 살아온 인생보다 살아갈 인생이 더 소중한 것 같아서 왔어.”

순간 나는 진한 감동을 하였다. 인생을 달관한 일흔네 살 노인이 ‘살아온 인생보다 살아갈 인생이 소중하다’라고 하면서 평생 해결하지 못했던 숙제를 풀기 위해, 새삼스럽게 화법을 배우겠다는 그 용기와 열정 그리고 삶의 자세에 존경심이 저절로 우러나왔다.

인간은 이미 승리자로 태어났다

당신은 위대한 성공한 사람이 되기 위하여 이 세상에 태어났다. 당신뿐만 아니라 인간은 누구나 태어날 때부터 이미 승리자로서 출발한다.

한 인간이 태어나기 위해서는 5억의 정충精蟲 가운데서 가장 우수하고 날쌘 정자 단 하나만이 난자와 결합한다. 그럼에도, 왜 세상에는 성공한 사람보다 실패한 사람들이 더 많을까?

하느님은 세상에 인간을 내 보낼 때 성공할 자격과 권리를 부여했지만, 모두 성공을 하면 노력을 하지 않기 때문에 일부러 고난을 설치해 놓았다. 고난은 어떤 것이든 반드시 돌파할 수가 있다. 그 고난을 남보다 빨리 빠져나가는 사람은 성공한 사람이 되고, 고난에 허우적거리는 사람은 실패한 사람이 될 가능성이 크다. 즉, 인간은 누구나 성공의 가능성을 타고났지만 어디까지나 미완성인 존재로 태어났으며 미완성된 부족한 부분을 완성하고, 자기의 잠재능력을 개발하는 자만이 성공으로 가는 길을 걷게 된다.

여기에 자기 계발의 중요성을 꼽을 수 있다.

가장 위험하고 긴장감 넘치는 경기를 꼽으라면 투우를 빼놓을 수가 없다. 또 가장 대담한 성격과 민첩한 행동이 있어야 하는 직업인은 투우사일 것이다. 이렇듯 위험천만한 투우사를 지망하겠다는 청년이 다리가 휘청거리며 내성적이고 수줍음을 잘 타는 말더듬이라면 뭐라고 하겠는가?

"어림도 없는 짓이오. 이건 자살행위나 마찬가지요."

한마디로 불가능한 일이라고 잘라 말할 것이다.

'현대 투우의 시조'인 후안 벨몬트는 투우사의 조건을 전혀 갖추지 못했다. 후안 벨몬트는 다리가 허약해 소가 돌진해 왔을 때 다른 투우사처럼 소를 뛰어넘을 수가 없었다. 지금은 오래된 투우의 기술이지만 당시 민첩한 동료 투우사들은 소를 뛰어넘어서 피했었다. 한계점을 느낀 벨몬트는 자신의 약점을 장점으로 전환하지 않으면 안 되었다.

'어떻게 해야 이 취약점을 극복할 수 있을까?' 궁리에 궁리를 거듭한 끝에, 소는 투우사가 사용하는 붉은 천(물레타muleta)의 움직임에 민감하게 따라온다는 사실을 깨달았다. 여기에서 힌트를 얻은 그는 소가 자신에게 달려들게 해 놓고, 가장 가까이 다가왔을 때 재빨리 붉은 천을 옆으로 펼쳤다. 예상했던 대로 소는 붉은 천을 따라가는 게 아닌가? 몸을 피하지 않고 그대로 서 있으면서도 소의 돌진을 따돌렸을 뿐 아니라, 그 순간 소의 급소를 찔러 쓰러뜨렸다.

2천 킬로그램이 넘는 황소의 공격을 받기 직전 아슬아슬한 순간에 따돌리고 소의 심장을 단숨에 찌르는 광경에 관중의 흥분은 절정에 이른다.

후안 벨몬트가 대성할 수 있었던 요인은 '투우로써 명성과 부를 얻겠다!'라는 강렬한 욕망이 있었고, 자신의 약점을 누구보다 잘 알고 이것을 장점으로 승화시켰다는 데 있다.

약점을 장점으로 승화시켜라

자신의 약점을 깨닫고 남다른 재능을 발휘하여 성공한 사람은 우리 주위에 너무나도 많다.

또한, 자신의 약점을 승화시켜 다른 사람들에게 희망과 용기를 주는 메신저messenger들도 많다.

청운의 꿈을 펼치며 승승장구하던 한 청년이 뜻하지 않은 교통사고로 말미암아 모든 꿈이 물거품이 되었다. 그러나 청년은 목숨이 붙어 있다는 것과 움직일 수 있다는 것, 두 가지만으로도 하느님께 감사하는 마음을 갖고서 다시 일어섰다.

처음 보는 사람 누구나 혐오감을 느낄 만큼 섬뜩한 흉터투성이의 얼굴과 타다 남은 조막손을 조금도 부끄러워하지 않고 대중 앞에 당당히 나서 강의를 하고, 또 많은 글을 통해 사람들에게 감동과 용기를 주고 있다.

우리는 무한한 가능성과 잠재력을 지니고 태어났다. 세상에는 나 자신보다 훨씬 더 많은 불리한 조건을 지니고 있으면서도, 열심히 노력하여 불리함을 극복하고 다른 사람의 모범이 됨은 물론 이 사회에 이바지하며 자신의 행복을 창조하는 사람들이 수없이 많다.

그들이 그런 불리한 조건을 극복하고 성공했듯이 당신도 마음먹기에 따라서 얼마든지 큰일을 멋지게 해낼 수 있다. 자신의 불리한 조건을 오히려 성공의 토대로 올라설 수 있는 발판으로 삼고 노력한다면 당신도 분명 풍요한 인생을 살아가는 성공한 사람이 될 수 있다.

16

인생의 원석을 연마하라

확고부동한 목표 설정이 중요하다

스웨덴은 요람에서 무덤까지 사회복지가 보장되어 있는 나라로 잘 알려져 있다.

미국이 그 사회 정책을 모범으로 삼을 정도이다.

그러나 세계에서 자살률이 높은 나라 중의 하나로도 알려졌다. 왜 이런 현상이 나타난 것일까? 물질적인 풍요와 자유로운 생활환경은 국가 정책으로 보장되었지만, 국민 개개인의 인생 목표가 설정되지 않았기 때문이다. 목표를 설정하고 산다는 것은 매우 중요한 일이며,

삶의 목표를 갖고 그것을 실현하기 위해 노력하는 데서 인생의 기쁨과 행복이 얻어지는 것은 아닐까?

그러나 인생의 목표를 설정하지 않고 하루하루를 살아가는 사람들이 많은 것 같다.

나는 기업의 사원교육에서 "당신은 무엇을 위해 사는가?"라고 물어본다. 그 결과, "인생의 목적을 뚜렷하게 설정하고 있다"라고 대답하는 사람은 무척 적다.

누구나 자기에게만 주어지고, 아무에게도 나눠줄 수 없는 소중한 인생이 있다.

넓게는 조물주가, 좁게는 부모가 우리 한 사람 한 사람에게 '인생'이라는 원석原石을 주었다. 이 원석을 갈고 닦아 광택을 내어, 가치 있는 것으로 만드는 작업은 우리 몫이다.

하지만, 빛나는 미래를 가진 청춘임에도 귀중한 원석을 자기 손으로 부수거나 극단적인 선택을 하는 사람이 있다. 목적도 목표도 갖지 않고, 몽유병자처럼 하루하루를 하릴없이 보내는 사람도 있다. 참으로 안타까운 일이다.

인생의 중요한 과제는 자기라는 원석을 갈고 닦는 노력이다. 자기를 소중히 여기고 사회를 위해 전력투구하며, 타인에게 도움이 되는 삶, 이것이 인생의 참된 보람이 아닌가?

확고부동한 인생의 목표를 설정하고, 자기가 세운 목표를 달성하기 위해 날마다 노력하는 사람은 반드시 성공한다.

따뜻한 인간미와 사랑

골프 황제라 불리던 잭 니클라우스가 십여 년 전 어려운 아이들을 돕는 성금을 마련하기 위한 골프대회를 일본에서 개최한 적이 있었다.

행사 당일 아주 큰 비가 내렸지만 이와는 상관없이 경기가 시작되었다. 이 시합은 아침부터 오후까지 진행되었는데, 마지막 퍼터를 가방에서 꺼내려던 니클라우스의 안색이 갑자기 변하였다. 주위 사람들은 무슨 일이 생겼나 궁금히 여겼다.

사연인즉 점심시간에 니클라우스의 퍼터가 도둑을 맞아 다른 퍼터로 바뀌었던 것이다. 그 퍼터는 니클라우스가 18년간이나 애용하여 손에 익힌 것으로, 그에게 황제라는 칭호를 얻게 해준 장비였다. 보통 사람 같으면 시합을 안 하겠다고 했을지도 모르지만, 니클라우스는 경기를 무사히 마친 후 다음과 같이 말했다.

"가지고 간 사람이 이제부터 어떤 인생을 살아갈까 그것이 마음에 걸립니다. 나에게는 다시 좋은 퍼터를 찾아낼 가능성이 있지만, 그는 도둑질을 했다는 짐을 일생 지고 살지 않으면 안 되기 때문입니다."

이 말이 텔레비전 전파를 타고 퍼져 나가자 다행스럽게도 이틀 뒤에 퍼터가 돌아왔다. 열아홉 살 난 대학생이 충동적으로 범행을 저질렀는데, 이 사실을 안 어머니의 설득으로 함께 사죄하러 왔던 것이다.

일본을 떠나는 날, 잭 니클라우스는 퍼터를 되찾게 되어 감사하다는 것과 아울러 다음과 같은 당부의 말을 남겼다.

"인간은 누구나 잘못을 할 수가 있습니다. 아직 젊은 그 청년이 이번 일을 잊고 좋은 인생을 걸어갔으면 좋겠습니다. 부디 청년의 잘못을 다그치지 말아 주십시오."

세상에는 자기가 뭘 좀 안다고 해서 으스대거나 남의 생각은 조금도 하지 않고 자기밖에 모르는 건방지고 이기적인 사람들이 얼마나 많은가?

그에 비해 니클라우스는 '골프의 황제'로 불릴 만큼 최고의 실력을 갖추고 있으면서도 겸손했다. 비를 맞아 가면서도 어려운 아이들을 돕기 위해 외국 원정 시합을 강행했으며, 분신처럼 아끼던 퍼터를 훔친 젊은이의 장래까지 염려했다. 또한, 그의 인격과 교양을 나타내는 말솜씨는 일품이었다.

사람들에게 갈채를 받는 성공한 사람이 되기 위해서는 따뜻한 인간미와 조건 없는 사랑 그리고 세련된 표현력을 갖추어야 한다. 그리고 전제조건으로 플러스 이미지를 필요로 한다.

플러스 이미지를 만들어라

직장에서는 정기적으로 건강진단을 받는다. 그때 재검사라는 통지를 받고, 가슴이 두근거린 경험을 해본 사람도 적지 않을 것이다.

'무슨 일일까?'

'어디가 나쁜 것일까?'

'혹시 암은 아닐까?'

이런 생각이 머리를 떠나지 않는다. 그리고 계속해서 나쁜 방향으로 생각해 버린다. 이것이 바로 '마이너스 이미지'다.

어느 회사의 사원 20명에게 바륨을 마시게 하고, 위 검사를 했다. 사원들 모두 이상이 없이 건강했지만, 의사는 다음과 같은 실험을 하였다.

먼저 10명에게는 "이상이 없습니다"라고 말했고, 나머지 10명에게는 고개를 갸우뚱거리며 말했다.

"조금 이상한 것 같네요. 혹시 배고플 때 위가 쓰린 적은 없었나요? 아니면 식사 후에 아프지는 않습니까? 분명하지는 않지만 위궤양이 의심됩니다. 만약을 위해 한 달쯤 지난 후 다시 한 번 검사를 해봅시다. 내 짐작이 틀렸으면 좋겠는데, 아무튼 술 등을 너무 많이 마시지 않도록 하세요."

그리고 한 달이 지난 후에 의심이 간다고 말했던 10명을 다시 검사해 보니, 모두가 위궤양 증상을 나타내고 있었다. 건강이 좋지 않다는 끊임없는 암시로 말미암아 오히려 건강한 몸이 병이 든 경우다.

사람은 암시를 받기 쉬운 존재이며, 마이너스 이미지의 말은 사람을 병들게 한다.

"요즘 왜 그래요? 안색이 나빠 보여요"

"이런, 얼굴색이 창백하네요. 열이 있는 거 아녜요?"

"괜찮아요? 밝지 않은 얼굴이네요."

이렇게 만나는 사람마다 좋지 않다는 이야기를 듣게 되면, 다섯 번째 사람이 나타날 때는 "머리가 아프고, 이제는 더 견딜 수가 없어요"하고 정말로 앓아눕게 된다.

마이너스 암시의 반복은 이처럼 무서운 결

과를 가져오는 힘이 있다. 따라서 타인에게는 물론 자신에게도 마이너스 이미지를 지닌 암시를 주어서는 안 된다.

그런데도 우리는 얼마나 많은 마이너스 이미지의 생각과 말을 하고 있는가? 직장의 부하에게, 친구에게, 가족들에게 그리고 자기 자신에게도 많은 마이너스 이미지를 주입시키고 있다. 당신이 진정으로 성공한 사람이 되고 싶다면, 마이너스 이미지 대신에 '플러스 이미지'를 가져야 한다.

마이너스 이미지가 인간을 병들게 하는 힘이 있다면, 플러스 이미지는 인간을 건강하게 만드는 힘이 있기 때문이다. 인간의 잠재능력은 플러스 이미지라는 영양분을 통해 생기는 능력으로 향상한다.

17
올바른 목적설정과 목표달성

어떤 목적을 설정할 것인가?

우리가 어떤 일에 도전하든지, 그 도전이 성공하려면 행동하기에 앞서 먼저 해야 할 것이 있다. 그것은 올바른 목적과 명확한 목표의 설정이다.

흔히 목적과 목표를 혼동하곤 하는데 둘은 엄연히 다르다. 목적은 자기가 실현하려고 뜻을 세워둔 것이며, 목표는 목적을 달성하기 위한 실제적인 대상이다. 따라서 목적은 추상적일 수도 있지만 목표는 구체적이지 않으면 안 된다.

목적은 어떤 것을 정해야 하며, 목표는 어떻게 설정하는 것이 바람직할까?

목적의 기준은 사람마다 다르겠지만, '사회에 공헌할 수 있는 목적'과 '자기의 이익을 위한 목적'이 병행되어야 한다.

왜냐하면, 자기만의 이익 추구는 수많은 경쟁자에 의해서 방해를 받지만, 사회에 공헌할 수 있는 목적은 주위의 많은 사람이 공동의 이익을 위해서 후원하기 때문이다. 또한, 사회에 공헌은 하지만 나에게 이익이 전혀 없는 목적은 희생이 너무 크기 때문에 지속하기 어렵다.

자동차 왕국을 건설한 헨리 포드가 성공했던 요인은 '대중의 차'라는 공동의 이익을 내세웠기 때문이다.

"저는 많은 대중을 위한 자동차를 만듭니다. 포드 자동차는 가족에게는 넉넉하게 크고, 운전과 손질을 하는 개인에게는 필요한 만큼 작게 되어 있습니다. 값도 싸기 때문에 평균적인 급여를 받는 사람이라면 누구든지 구입할 수 있습니다."

그러나 포드가 대중을 위한 값싼 자동차를 제공하기까지에는 어려운 문제가 많았다. 원가를 낮춰야 했으며, 그러기 위해서는 여덟 개의 기존 실린더를 하나로 통합한 V8 엔진을 개발하지 않으면 안 되었다.

"어떻게 해서라도 값싼 엔진을 만들어라!"

포드의 명령을 받은 기술자들은 1년 동안 수많은 경비를 들여가며 연구해 봤지만 불가능하다는 결론을 내렸다.

"몇 번이나 말해야 알겠어? 우리에겐 그것이 반드시 필요하단 말이야. 계속해!"

얼마 후 당시 기술로는 도저히 불가능하다고 여겨졌던 V8 엔진이 기적처럼 완성되었다. 불가능하다고 한 그 기술자들의 손으로 만들어진 것이다.

'반드시 이루고야 말겠다!'라는 인간의 집념은 실로 놀라운 힘을 발휘하는 법이다.

분명한 목표 설정이 욕망 실현의 열쇠

사람은 누구나 욕망이 있으며, 이 욕망에 충분한 동기부여만 한다면 잘해낼 수 있다.

욕망의 사전적 정의는 '부족함을 느껴 이를 채우려고 바라는 마음'이다. 달리 표현하면 욕망이란 존재하고 있지 않은 지점을 향한 마음의 움직임인데, 이 욕망이야말로 인간의 강한 습관이나 기호를 바꾸게 하는 원동력이다.

진정으로 성공한 사람이 되고 싶다면 먼저 자신의 욕망을 점검하고, 그 욕망을 실현하기 위한 목표를 세워야 한다. 목표설정이 욕망을 실현하는 표적이기 때문이다.

목표란 표적이 될 만한 것으로 수치화數値化할 수 있고, 마감 시간이 있는 꿈이다.

많은 사람은 원대한 야망을 갖고 성공하기를 바란다. 그러나 무엇을 성취하고 싶은지, 어떤 특별한 위치에 오르고 싶은지, 어떤 전문분야를 개발해서 경쟁에서 이기고 싶은지 하는 목표를 결정하지 않는다.

그 결과 우왕좌왕하다가 기진맥진하게 되

고 원대한 야망은 한낱 희망사항으로 끝나 버리고 만다. 목표가 없으면 자기의 능력 또한 증명할 수가 없기 때문이다.

세계에서 가장 뛰어난 사격솜씨를 가졌다고 하더라도 표적이 없다면 어찌되겠는가? 또한, 바다를 항해하고 있는 배가 어느 항구로 향한다는 목적지가 없다면 어떻게 될 것인가?

욕망 실현을 위해서는 구체적인 목표의 설정이 중요하다.

성공한 사람은 목표를 설정한 사람들

올바른 목적과 목표설정이 얼마나 중요한 것인가를 깨달았다면, 다음으로 중요한 것은 설정한 목표를 상세하게 기록하는 습관이 필요하다.

실제로 많은 사람은 자신의 목표를 기록하는 것에 두려움을 느끼고 있다. 그 이유는 '목표를 이루지 못하면 어쩌나?' 하는 염려로 훗날 누군가가 자기가 적어 둔 목표를 보고 '세상에, 그렇게 큰 꿈을 꾸다니?' 하는 비웃음을 두려워하기 때문이다.

그러나 당신은 크고 야심에 찬 목표를 가진 것을 부끄러워하거나, 노출되는 것을 결코 두려워해서는 안 된다.

자신의 목표를 상세하게 적어두면 강력하고도 신비스러운 힘이 솟구쳐 자주 그 목표를 검토하게 마련이다. 목표의 검토는 곧 아주 조금일지라도 자신의 행동이 목표를 향해서 가고 있다는 사실을 의식적으로 마음속에 고정해 놓게 된다.

1953년 예일대에서 '목표를 적어 두었을 때 나타나는 효과'에 대한 연구 조사에 따르면, 총 졸업생의 3퍼센트만이 그들의 인생목표를 적어 두었는데 그 내용에는 다음과 같은 것들이 있었다.

· 명확한 목표를 설정한다
· 목표달성의 기간을 정한다
· 목표달성에 도움을 줄 사람이나 조직의 리스트를 짠다.

· 극복해야 할 장애 요소를 적는다
· 목표달성을 위해 알아야 할 것들을 적는다
· 행동계획을 전개한다
· 목표달성의 이유를 상세하게 적는다

불과 3퍼센트의 졸업생만이 자기의 목표를 기록했고, 나머지 97퍼센트의 졸업생들은 인생의 목표를 적어 놓지 않았다.

20년 후, 1973년에 다시 발표한 연구결과는 자신의 인생 목표를 적어 놓았던 3퍼센트의 졸업생들이 나머지 97퍼센트의 졸업생들을 전부 합친 것보다 재정적으로 풍요한 생활을 하고 있는 것으로 나타났다.

이 연구 조사에서 보듯이, 목표를 적는다는 것이 얼마나 중요한가는 두말할 필요도 없다. 그런데 불행하게도 대부분의 사람이 목표는 정했더라도 이를 기록하지는 않는다.

또 다른 통계에 따르면, 목표를 기록한 사람은 3퍼센트, 목표를 정해 놓고 생각만 하는 사람은 10퍼센트, 가까운 목표는 세우지만 인생과 관련된 계획을 수립해 놓지 않은 사람은 60퍼센트, 그리고 인생에 무엇 하나 바라지 않고 되는 대로 사는 사람이 27퍼센트나 된다고 한다.

87퍼센트에 해당하는 대부분의 사람이 인생의 목표를 설정하지 않았기 때문에 성공하지 못한다는 것이 사실이라면, 성공한 사람이 되는 해답은 분명해졌다.

앞서 밝혔듯이 자신의 욕망을 점검하고, 명확한 목표를 설정해야 하며, 그 목표를 구체적으로 적은 다음 실행에 옮겨야 한다.

목표 설정을 위한 다섯 가지

목적 달성을 위한 목표 설정은 어떻게 해야 하는가? 현대 성공 철학의 대가인 나폴레온 힐 박사는 다음과 같이 5단계를 제시하고 있다.

· 제1단계, 당신이 원하는 '금액金額'을 명확

하게 정한다.

단순히 '돈이 많았으면 좋겠다'라는 것만으로는 안 된다. 예를 들어 주택을 갖고 싶다면 그것이 아파트인지 단독주택인지, 그리고 크기와 장소는…… 이렇듯 구체적으로 구입하고 싶은 내 집의 모습을 떠올리고, 그렇기 때문에 돈이 얼마쯤 필요하다고 설정하는 것이다.

· 제2단계, 원하는 바를 얻기 위해서 '무엇을 줄 것인가?'를 결정한다.

이 세상에는 대상代償 없이 대가가 따르지 않는다. 목표실현을 위해서는 시간과 정력 등 무엇인가 희생을 해서라도 성취를 향해 매진하라는 것이다.

· 제3단계, 목표를 달성하는 '기일期日'을 정한다.

설정한 목표가 능력보다 커 한 번에 실현하기 어려울 경우에는, 한 단계 한 단계 계단을 올라가듯 시간을 정하고 달성해 나가는 것이 중요하다.

· 제4단계, 면밀한 계획을 세웠다면 즉시 행동으로 옮긴다.

인생의 길에 완전한 출발이란 없다. 비록 준비가 덜 되었더라도 시작해야 한다. 위대한 성공도 그 출발은 미미하다는 사실을 인식하고 실행에 옮겨야 한다.

· 제5단계, 지금까지의 네 단계를 상세하게 기록한다.

문장으로 된 선언을 하루에 두 번, 잠자기 직전과 기상 후에 즉시 큰 소리로 읽어야 한다. 이 경우, 당신은 이미 목표한 돈을 수중에 넣은 것이라고 생각하고, 그렇게 믿는 것이 중요하다.

18

백만 불짜리 성공계획

인생은 도전의 연속이다

인간은 지구상에 생존하는 200만 종의 생물 가운데 가장 우수한 존재이며, 나 자신은 인간 중에서도 남다른 개성의 소유자로서 유일무이한 존재이다.

특히 인간은 누구나 꿈이 있는데, 그 꿈을 실현하기 위해서 노력하는 삶이 곧 인생이다.

그래서 수많은 사람이 자신의 꿈을 실현하려고 노력하며, 더욱 빠르고 확실한 방법을 찾으려 하고 있다. 그 노력이란 자신의 타고난 능력을 개발하고 발휘해서 존재가치를 높이고, 사회에 공헌하는 것을 의미한다.

자기 실현의 꿈을 이루고, 자신이 성공한 방법을 프로그램으로 만들어서 다른 사람까지도 성공하게 시키겠다고 나선 사람이 있다.

폴 마이어는 독일에서 미국으로 이민 온 가구를 만드는 아버지의 차남으로 어린 시절에는 그리 유복하지 못했다.

어린 시절 "자전거를 갖고 싶다"라고 하자, 아버지는 다음과 같이 말했다.

"그것을 사줄 수는 없다. 자전거를 갖고 싶다면 네 힘으로 갖도록 노력해 봐라."

어린 소년 마이어는 버려진 자전거의 부속품들을 모으기 위해 전력을 다해 찾아다녔다. 그렇게 열심히 부속품을 모으고 다닌 지 얼마 후 결국 완성된 자전거를 조립하기에 이른다. 이런 부모의 교육 방법은 폴 마이어의 정신적 지주가 되었다.

폴 마이어의 인생은 도전의 연속이자 승리의 연속이었다. 열여섯 살 때 '자두 따기 대회'에서, 열여덟 살에는 팔굽혀펴기 3,500번으로 세계신기록을 수립했다. 뒷날 보험 회사에 들어가 미국 제일의 판매기록도 세운다. 그 후 1960년에 자본금 1,000달러로 SMI(성취동기연구소)를 설립하여 크게 성공한다.

3주 만에 쫓겨난 세계 제일의 세일즈맨

여러 가지 세계적인 기록이 있는 폴 마이어도 보험판매는 처음부터 성공한 것은 아니었다. 열아홉 살 때 야망을 품고 보험회사에 취직했다가 말을 더듬는다는 이유로 3주 만에 쫓겨났던 적도 있었다.

"당신은 세일즈맨으로는 가망이 없소. 다른 일거리를 찾아보는 게 좋겠소."

세일즈 매니저에게 해고를 당한 청년 폴 마이어는 다음과 같이 중얼거리면서 돌아섰다.

"당신은 지금 세계 제일의 세일즈맨을 잃어버린 거야. 나는 성공할 수 있어! 반드시 세일즈맨으로 성공하고 말 거야."

폴 마이어는 말을 더듬는 단점을 부끄러워

하지 않고, '나는 백만장자가 될 수 있다.'라는 가능성을 굳게 믿었다. 그리고 매일같이 '나는 백만장자가 될 수 있다! 나는 백만장자다!'라고 외쳤다. 그뿐만 아니라 백만장자가 되기 위해서, 모든 계획을 수립하고 곧장 행동으로 옮겼다.

그리고 전혀 가능성이 없다던 보험판매로 불과 27세의 젊은 나이에 백만 달러의 판매기록을 올린 세일즈맨으로 성공하기에 이른다.

그 후 그는 자신이 어떻게 성공하게 되었는가를 연구하여, 누구든지 성공할 수 있다는 '성공 프로그램'을 개발한다. 그리고 1960년에 SMI를 설립하여, 전세계에 '성공학'이란 상품을 판매함으로써 백만장자가 되었다.

폴 마이어의 프로그램 중 〈백만 불짜리 성공 계획〉이란 5단계 실천 강령은 너무나 잘 알려졌다. 볼품없었던 말더듬이 청년 폴 마이어가 대성한 비결, 그리고 누구나 이를 응용하여 성공할 수 있다는 성공 프로그램의 핵심은 성취동기의 개발이다.

'나는 되고 싶다'라는 야망을 '나는 될 수 있다!'라는 신념으로 바꾸어 반복하여 자기 암시를 통해 누구든지 성공할 수 있다는 것이다.

백만 불짜리 성공계획

폴 마이어 박사의 〈백만 불짜리 성공계획〉은 아래와 같다.

- **제1단계, 자신의 생각을 명료하게 하라**

  막연한 목표는 결과도 막연해지는 법. 따라서 자기가 성취하고자 하는 구체적인 목표를 분명하게 설정하는 것이 급선무이다. 자신의 생각을 결정하는 것은 자기 자신이 지금 어디에 서 있는가를 완전하게 이해하는 데서부터 시작된다. 그리고 자신이 원하는 것들을 기록하고 순위를 매긴 뒤, 제1순위의 것을 골라서 목표로 정하면 된다.

- **제2단계, 목표달성의 계획을 세우고 최종 시한을 정하라**

자신의 목표를 선명하게 결정했다면 목표달성을 위한 구체적인 행동계획을 세워야 한다. 행동계획에는 달성기한을 정하는 것이 가장 중요하다. 어떤 일이든 '언제까지 하겠다.'라는 시간을 정했을 때 비로소 적극적인 행동과 열의가 나기 때문이다. 달성기한을 정하는 방법은 장기목표와 단기목표를 설정하고 매시간, 매일, 매월 목표달성의 경과를 신중하게 계획해야 한다.

· 제3단계, 꿈을 실현하겠다는 욕망을 불태우라

불타는 욕망은 모든 행동에 최고의 동기를 부여한다. 성공을 향한 욕망은 성공 의식을 심어주고, 그것은 다시 증감되는 성공 습관을 붙여 준다. 흔히 단순한 희망이나 기대를 불타는 욕망과 혼동하곤 한다. 불타는 욕망이란, 목표성취를 위해서는 어떤 대가를 치르더라도 얻게 하는 힘이다.

· 제4단계, 자신의 능력에 대해 확신을 가

져라

실패의 가능성을 염두에 두지 말고, '할 수 있다!'라는 확신으로 활동을 시작하는 것이 중요하다. 확신은 정보에서 나온다. 모르는 것에 대해서는 확신을 가질 수 없다. 정보는 경험을 바탕으로 얻어지고, 경험은 실제상황에 부딪쳐 맞서 나가는 데서 얻어진다는 사실을 명심해야 한다.

▪ 제5단계, 계획을 관철하겠다는 집요한 결의를 가져라

남들이 뭐라고 하든, 환경과 상황이 어떻든 '기어이 해내고야 말겠다!'라는 무쇠 같은 의지가 있으면 반드시 성공한다. 기회란 기다리기만 하는 사람에게는 결코 오지 않는다. 싸워서 쟁취하고자 하는 사람만이 붙잡을 수가 있다. 끊임없이 노력하고 주의력을 기울이며, 힘을 집중시키겠다는 결의를 다져야만 성공한다.

하지만, 이 성공 계획이 아무리 훌륭하고,

테스트를 거친 확실한 방법이라 하더라도 스스로 실행하지 않으면 아무 소용이 없다. 실행하는 데는 용기가 필요하다. 용기는 성공하는 데 가장 중요한 원동력이며, 용기 없이는 결코 위대한 성공을 이룰 수 없다.

19

상념술의 위력과 활용 방법

생각한 대로 된다

《코미디의 황제》라는 영화에서 이름 없는 한 사나이가 코미디언이 되려고 몸부림을 친다.

'지금 활동하는 코미디언들보다 내가 훨씬 더 잘할 수 있다!'

그는 집 안에다 스튜디오를 꾸며 놓고, 당시 저명한 인사들의 인형을 실제 크기로 만들어 그들과 대담하는 사회자 역할 연습을 끊임없이 한다.

이런 노력과 신념으로 방송국 코미디 프로그램 담당 연출가를 찾아가 출연교섭을 하지만 계속해서 거절을 당했다.

아무리 연습을 하고, 멋진 코미디를 할 수 있다는 확신이 있어도, 아무도 자신을 인정해 주지 않자 음모를 꾸민다. 그것은 다름 아닌 현재 가장 인기 있는 코미디언을 납치하는 것이었다. 그 계획은 성공해서 인기 코미디언을 납치하여 감금시켜 놓고, 갑자기 출현하지 못한 코미디언 대신 프로그램에 나가 그동안 갈고 닦은 기량을 마음껏 발휘한다. 매일 똑같은 코미디에 싫증을 내던 시청자들에게 신선한 충격을 주어 큰 화제를 일으킨다. 그의 꿈대로 하룻밤 사이에 유명한 스타가 되었지만, 곧 납치범으로 체포된다. 하지만, 교도소에 있는 동안 쓴 책이 베스트셀러가 되자 그의 인기는 더욱 높아졌고, 출옥 후 마침내 코미디의 황제가 되는 것으로 끝난다.

"인간은 자기가 생각한 대로 된다."

– 얼 나이팅게일

인간은 누구나 장래의 꿈을 꾸며, 그 꿈을 신념화시키고 노력함으로써 마침내 성공한 사람이 된다.

성공의 씨앗은 바로 생각이며, 이 생각을 가꾸고 계속 강화시켜 나가는 것을 상념술想念術이라 한다.

상념술의 세 가지 방법

예부터 내려오는 상념술은 세 가지 방법이 있다. 정신을 집중시키는 가장 적합한 장소로서 침상寢上과 측상厠上, 마상馬上이 있고, 이곳을 가리켜 삼상三上이라 한다.

먼저 침상은 잠자리를 가리킨다. 잠재의식에 유효한 암시를 주기 위해서는 잠재의식의 파수꾼인 현재의식의 활동이 약해지는 시기를 포착하는 것이 바람직하다. 그래서 잠이 막 들려고 할 때와 잠이 막 깨려고 할 때가 가장 좋은 시간대이므로 하루 두 번의 귀중한 기회를 잘 활용해야만 한다.

그 활용 방법은 천장에 자기가 실현하고 싶

은 사진이나 그림 또는 문장을 붙여 놓고 보면서 상상을 하는 것이다. 다만, 글로 썼을 경우는 아름다운 말을 선택하여 현재진행형으로 써야 한다.

측상은 화장실이다. 조용히 마음을 가라앉히고 생각할 수 있는 장소로 적합하다. 좁고 약간 어둠침침하지만 그 공간만큼은 프라이버시가 완전히 보장되고, 누구의 간섭이나 억압을 받지 않으며, 매일 누구나 일정한 시간을 보내는 곳인 만큼 더없이 좋은 장소이다.

화장실에도 자기가 바라는 성공자상成功者像에 관한 사진이나 글귀를 붙여 놓고 보면서 상상을 하면 뜻밖의 아이디어나 힘이 솟구침을 알 수가 있다.

끝으로 마상은 자동차 안이다. 현대인은, 특히 도시인은 하루에 차 안에서 보내는 시간이 두세 시간에서 다섯 시간까지나 된다.

차 안에서 여러 가지 아이디어를 떠올리기도 하며, 자신의 꿈이 실현된 모습을 상상할 수도 있다.

삼상법 외에도 하나 더 권하고 싶은 것이 대경법對鏡法이다. 대경법이란 거울을 보면서 상념 하는 것이다.

예로부터 '거울은 여성의 생명'이라고 일컬어져 왔지만 어디 여성뿐이랴. 남성도 거울을 보며 '나는 멋있다. 근사해!'라고 생각하면 왠지 멋있고 근사하게 행동하게 되지 않던가? 당신은 하루에 거울을 몇 번이나 보고 있을까? 거울을 볼 때는 무엇을 생각하는가?

어느 사진작가는 다음과 같이 말한다.

"여성은 자신이 '행복하다'라고 생각하고 있을 때가 가장 아름답습니다. 아침에 일어나서 거울을 들여다보며 '아, 나는 예쁘구나'하고 생각하십시오! 그러면 어쩐지 행복해질 겁니다."

말의 힘은 꿈을 실현한다

자신의 꿈을 실현하는 데는 여러 가지 방법이 있지만, 가장 좋은 방법은 잠재능력을 일깨우는 것이다.

미국 브로드웨이에 '스타 제조기'라고 불리는 연출가가 있다. 그는 인간의 잠재능력을 끌어내는 뛰어난 재주를 지녔다. 가능성 있는 배우를 발견하면, "당신은 틀림없이 스타가 될 수 있어. 내가 길을 터주지."하고는 자신의 인맥을 동원해서 연출을 한다.

그 방법은 배우를 무대에 올려놓기 전에, 각계의 유명 인사를 초대하여 꽃다발과 축전, 그리고 격려의 말을 선사케 한다. 그러면 무명의 배우는 분에 넘치는 기대에 감격하여, 무대에 올라서자마자 자신이 현재 갖고 있는 능력은 물론 잠재능력까지도 발휘하게 된다는 것이다.

이렇듯 역할 연기를 통해서 잠재능력을 일깨우는 방법이 좋기는 하지만, 이런 기회는 만나기도 어렵고 만들기도 까다롭다. 그래서 일상생활에서 손쉽게 실행할 수 있는 방법은 자기 대화를 만들어서 사용하는 것이다.

말의 작용 중에서 가장 중요한 것은 사고思考의 교량역할이다. 우리의 생각은 말을 통하여 상대에게 전달되는데, 이 말이 뛰어나면 당연히 생각의 내용도 뛰어나게 마련이다. 따라서 상대와의 대화는 물론이고, 내가 나에게 말하는 자기 대화에서도 효과적인 말의 선택이 성패를 좌우한다.

아래 자신의 잠재능력을 일깨우는 자기 대화를 만드는 방법을 제시한다.

· **첫째, 아름다운 언어를 선택해야 한다.** 그렇다고 미사여구를 늘어놓으라는 것은 아니다. 밝고 분명하며 긍정적인 말이면 된다. 어둡고 불분명한 부정적인 말에서는 결코 좋은 이미지가 나올 수 없기 때문이다. 특히 자기 대화는 눈으로 보고, 입으로 표현하는 것이므로 시각적으로 아름다워야 함과 동시에 청각적으로도 부드럽고 율동적인 것이 바람직하다.

· **둘째, 현재진행형으로 만들어야 한다.** 이것은 단순히 현재의 실태를 부정하는 것이 아니라, 미래를 현재에 직결시키는 데 목

적이 있다. 꿈이 이미 이루어진 것으로 간주하면 현재의식 면에서의 노력과 잠재의식의 힘이 상승효과를 나타낸다.

· 셋째, 구체적으로 상세하게 그려야 한다.

잠재의식은 컴퓨터와 비슷해서 주입시킨 대로만 작용한다. 따라서 원하는 바를 구체적으로 뚜렷하게 명령을 해야 효과가 나타난다.

· 넷째, 자기 대화의 주어는 모두 '나'이어야 한다.

잠재의식은 사람을 식별하지 못한다. 따라서 대상은 '나'라는 말로 입력시켜야만 유리하게 작동하게 마련이다.

20

매일의 성과가 성공을 좌우한다

타임머신을 타고 미래로 가 보자

인간을 과거나 미래의 시간으로 마음대로 이동하게 하는 상상 속의 기계를 타임머신이라 부른다.

타임머신이란 말은 영국의 소설가 H.G 웰스의 SF 소설 《타임머신》에서 유래한 것으로, 과학적 상상력을 끝없이 펼친 소산이다.

마찬가지로 이 원리를 성공학에도 응용할 수가 있다. 그것은 상상력을 타고서 자기의 과거나 미래로 시간여행을 하는 것이다.

당신은 '나만의 타임머신'을 이용한 적이 있

는가? 시간여행은 누구나 언제라도 그리고 아무 부담 없이 실행할 수가 있다. 누구나 자신의 타임머신을 마음속에 간직하고 있기 때문이다. 상상력이라는 타임머신을 타고 20년 후의 나를 만나러 가 보자.

만일 20년 후의 당신이 힘들게 살아가고 있다면, 그것은 현재의 당신이 게을렀기 때문이다. 다시 현실세계로 돌아와, 이번에는 20년 전의 당신을 만나러 가서 그에게 물어보자.

"20년 후에 무엇이 되고 싶은가?"

현재의 당신이 그때의 희망대로 되어 있지 않다면, 희망을 실현하기 위한 '무엇인가'를 하지 않았기 때문이다.

지시를 기다리지 말고 선수를 쳐라

인간이 위대한 것은 과거를 반성하고 미래를 설계하며, 새로운 자기를 창조해 가는 데 있다.

인생이란 자기가 설정한 목표가 달성되기를 기대하면서 노력하는 삶의 과정이며, 성공한 사람은 그 과정을 통해서 목표를 달성한 사람이다.

ITT(국제전신전화회사)의 매상을 7억 6,600만 달러에서 220억 달러로 신장시킨 해럴드 기넌은 성공하고자 하는 비즈니스맨에게 성공 비결을 다음과 같이 말한다.

"전문가란 어떤 일을 벌이는 사람을 말한다. 일을 벌인다는 것은 결단을 내려서 무엇인가를 시작하는 것이고, 주도권을 쥐고서 어떤 일에 집중해서 파고들어 가는 것이다. 지시해 줄 사람이 나타나기를 기다리지 않고, 자기 스스로 일을 벌인다."

《제3의 물결》의 저자 앨빈 토플러는 다음과 같이 지적하고 있다.

"미국의 공립학교에서는 선수先手를 치는 것을 칭찬하지 않고, 오히려 벌을 주고 있다."

시대를 막론하고 자라나는 청소년들에게 기본적인 두 가지를 가르쳐 왔다. 하나는 기계적으로 기억하고 반복하게 하는 것이며, 또 하나는 바로 그 자리에서 복종하게 하는 것이다.

그 결과, 세세한 것까지 분명하게 가르쳐주는 틀에 박힌 교육밖에 받지 못하고 자란 대부분의 사람은 제3자의 판단이나 지시가 없이는 무엇 하나 스스로 행동하지 못하는 피동적 인간이 되고 만다.

그러나 성공한 사람들의 공통점은 자신을 둘러싼 환경이나 여건을 떠나 새로운 길을 모색하여 선수를 치는 데 적극성을 지니고 있다는 사실이다.

자기 관리에 능숙해라

'성공'이나 '노력'이라는 개념도 시대와 함께 변한다.

4,500여 년 전에 건립된 피라미드들 가운데 가장 큰 것은 높이 146.5미터, 밑변이 230미터가 되는데, 평균 2.5톤의 돌 230만 개를 10만 명이 3개월씩 교대로 20년간에 걸쳐서 쌓아 올렸다고 한다. 참으로 놀라운 대역사大役事가 아닐 수 없다.

그러나 오늘날에는 그와 같은 일은 아무도

하지 않을 것이며, 또 하려는 사람이 있다고 해도 무모한 처사라고 비웃음을 당할 것이다.

'땀을 흘리면 흘린 만큼 보다 많은 것이 돌아온다'라는 소박한 사고방식으로 일하던 시대는 이미 지나갔다. 오늘날 노동의 가치는 '더욱 현명하게 움직인다'라는 것이다.

성공과 노력뿐만이 아니라 자본이라는 개념도 변화를 이루고 있다. 과거에는 자기 자본 없이 사업을 한다는 것은 꿈에도 생각할 수가 없었다. 그래서 자본의 축적이 성공의 제1 조건이었다.

그러나 오늘날에는 좋은 아이디어나 뛰어난 기술만 있으면 자본은 얼마든지 구할 수 있다. 타인 자본의 활용이다.

당신이 전문가로서 무엇인가를 하려고 할 경우, 자본은 반드시 필요하지만 그것보다 더 중요한 것은 당신 자신이다. 당신이 어느 정도의 지식과 에너지 그리고 기술을 지니고 있다면, 그 상태에서 최대의 성과를 올리기 위해서 자기관리에 더욱 충실해야 한다.

휴식을 취하지 않고 주 70시간 이상이나 일하는 사람을 과연 근면하다고 할 수가 있을까? 자기 관리에 능숙하다는 것은 일하는 시간을 최소한으로 줄인다는 것이다. 다시 말해, 똑같은 시간 내에 더 많은 일을 처리할 수 있는 사람이 자기관리에 능숙한 사람이다.

자기관리에서 또 하나 중요한 것은 한계를 아는 것이다. 한계와 가능성을 알고서 인생의 목표를 설정해야 하며, 불필요한 부분은 과감하게 버릴 용기와 지혜가 필요하다. 허식이나 유행에 따라서 자기에게 걸맞지 않은 것에 사로잡혀서는 결코 안 된다.

언제나 이기는 연습을 해라

1969년 7월 21일은 인류가 처음으로 달에 착륙한 역사적인 날이다.

"아름답다. 그리고 마치 연습할 때와 똑같다."

우주선 아폴로호를 타고 달에 첫발을 내디

딘 닐 암스트롱이 휴스턴의 관제실로 보내온 말이다.

"마치 옛날의 보금자리로 돌아온 느낌이다. 이미 몇 번이나 이곳에 온 것 같은 기분이 든다. 결국, 우리는 이 순간을 위하여 과거 4년 동안 계속 연습을 되풀이해왔다고 할 수 있으리라."

아폴로호 승무원들은 출발하기 전부터 "곧 달에 착륙합니다"하고 연습을 했다. 바다에 떠 있는 고무보트 위에서 위아래로 뛰거나 구르면서, 마치 우주공간에 있는 것처럼 무중력 상태에 적응하는, 달 착륙에 성공한 것처럼 사막에 달착륙선을 만들어 놓고 연습을 했다.

NASA(미 항공우주국)의 과학자들이 '이렇게 하면 무사히 착륙하고, 돌아올 수 있다'라고 가정해서 만든 수백 가지의 중요한 연속 동작이 있다.

우주비행사들은 이 연속 동작을 오늘도 내일도 그리고 앞으로도 여러 달씩, 심지어는 몇 년씩이나 되풀이하여 기억하고 반복적으로 훈련을 했다. 그 결과 실제 상황에 부딪혔을 때 그들은 당황하지 않고 익숙하게 대처하여 성공하게 되는 것이다.

이런 예행연습을 미국의 성공 심리학자 데니스 웨이트리 박사는 '이기는 연습'이라고 하며, 우주비행사를 '승리하기 위한 자기훈련의 모델'이라고 한다.

승자와 패자의 차이점은 언제나 '이기는 연습'을 한 사람과 '지는 연습'을 한 사람이다.

하루하루 당신에게 주어진 일을 이기는 연습이라고 생각하라.

성공한 삶은 단시일에 얻어지는 것이 아니다. 하루하루의 성과가 축적되어 마침내 성공이라는 정상에 이르는 것이다. 성과가 축적된 양이 크면 클수록 대성공이 되고, 작으면 작을수록 작은 성공이 될 수밖에 없다.

진정으로 크게 성공한 사람이 되고 싶다면, 매일의 성과를 가능한 한 크게 키우는 것이 첫걸음임을 명심해야 한다.

21

실패자 형인가? 성공자 형인가?

성공한 사람은 장애물을 발판삼아 도약한다

결손가정에서 가난하게 자란 흑인 소년이 있었다. 그는 스스로 억제할 수 없는 기질을 지녀, 누구든지 자기에게 피해를 주면 악착같이 쫓아다니며 보복을 해야만 직성이 풀렸다.

소년이 열다섯 살 때 같은 또래의 백인 소년을 칼로 찌르는 사건이 벌어졌다. 다행히 칼날은 백인 소년이 허리에 맨 벨트의 금속 버클에 부딪쳐 부러지고 말았다.

'그때 그가 금속 버클을 차고 있지 않았더라면, 나는 지금쯤 교도소나 소년원에 갔을 거

고, 그는 병원으로 갔거나 죽었겠지.'

순간 이런 생각이 든 흑인 소년은 두려움을 느꼈다. 그리고 못된 성질 때문에 자신은 아무 일도 할 수가 없을 것이라고 절망하였다. 그러나 다행스럽게도 소년에게는 지속적인 관심과 무한한 사랑으로 자기를 감싸 주는 어머니가 있었다.

어느 해, 흑인 소년이 열심히 공부하여 반에서 1등을 하자 흑인에 대한 편견을 갖고 있던 백인 선생님은 분노했다. 흑인 소년이 1등을 하게 내버려 둔 데 대해 백인 학생들은 공개적으로 질책을 당했다. 이 특별한 날을 흑인 소년은 결코 잊을 수가 없었다.

"빌어먹을 놈의 세상 같으니라고! 열심히 해봐야 무슨 소용이 있어."

흑인은 실력이 있어도 인정을 못 받는 신세를 한탄하며 비행 청소년들과 어울리기 시작했다. 그러나 아들의 아픔을 지켜보던 어머니의 간곡한 부탁으로 심기일전하여 열심히 공부를 한다. 그리고 보란 듯이 예일 대학에 들어갔고, 의과대학을 졸업한 후 존스 홉킨스 어린이센터의 소아과 의사가 된 벤 카슨 박사는 국제적으로도 존경받는 인물이 되었다.

> "사람은 누구나 장애물을 만납니다. 다만, 성공한 사람은 장애물을 발판삼아 도약하고, 실패한 사람은 장애물 때문에 좌절하는 차이가 있을 뿐입니다."
>
> -벤 카슨

인생은 장애물 경기와 같다. 장애물에는 반드시 돌파하는 길이 있으며, 남보다 빨리 돌파하는 데 장애물 경기의 묘미가 있는 것이다.

당신은 지금 어떤 장애물과 싸우고 있는 것인가?

성공한 사람과 실패한 사람과의 차이점

성공과 실패는 동전의 앞뒷면과 같다. 앞면이 나올지, 뒷면이 나올지는 걱정하지 않아도 된다. 앞면이 나오면 그대로 좋고, 뒷면이 나와도 절망할 필요는 없다.

왜냐하면, 실패라는 뒷면이 나오더라도 약간의 에너지를 불어넣어 다시 뒤집을 수가 있기 때문이다.

비즈니스 리서치 전문가 존 모로이가 사회적으로 영향을 미치고 있는 지도자 300명을 대상으로 성공한 사람과 실패한 사람의 유형에 대해서 조사한 바는 다음과 같다.

'성공한 사람이란 인생에서 자기의 목표를 달성한 사람'이고, '실패한 사람은 조건이나 능력이 갖추어져 있었음에도 목표에 도달하지 못한 사람'이다.

실패한 사람의 예를 들어보자.

유명한 대학에서 경영학을 전공하고, 중산층 가정에서 남부럽지 않게 자란 사람이 10년 동안이나 중간관리직에 머물러 있다. 50세까지는 중역이 될 것을 목표 삼아 열심히 일해 왔지만, 아직 목표를 달성하지 못했기 때문에 그는 실패한 사람이라고 볼 수밖에 없다.

앞에서 예를 든 벤 카슨 박사가 성공한 사람의 위치에 설 수 있었던 이유는 태어나고 자란 환경과 상황에서 최대의 성과를 올렸기 때문이다.

존 모로이는 3년여에 걸쳐 흥미로운 조사를 했다. 나이나 학력, 직업이 비슷한데도 한쪽은 성공한 사람, 또 한쪽은 실패한 사람인 두 계층을 대상으로 "성공의 필수조건은 무엇이라고 생각하는가?"라는 질문을 던졌던 것이다.

그 결과, 실패한 사람의 대답은 예외 없이 "성공에는 인간의 의지를 초월한 무언가의 힘이 작용하고 있다"라는 것이었고, 성공한 사람은 "성공에는 노력과 지식이 불가결하다"라고 대답했다.

여기에 성공과 실패의 열쇠가 있다. 인생의 변동과 방향에 대해서 스스로 책임지려고 하지 않는 사람은 필연적으로 실패한 사람이 되고 말며, 자신의 행위에 책임을 지고 스스로 운명을 개척하는 사람은 성공한 사람이 되는 것이다.

당신은 어떤 자세로 일하고 있는가

직장에는 크게 나누어서 두 가지 유형의 사람들이 일하고 있다. 하나는 의무감으로 마지못해서 일하는 사람이고, 또 하나는 신명나게 일하는 사람이다.

성공한 사람들과는 달리 실패한 사람들은 말만 앞설 뿐 행동이 뒤따르지 못하는 경우가 많다. 시계를 차고 다니는 이유도 '성공한 사람은 출근시간을 보기 위해서이고, 실패한 사람은 퇴근시간을 보기 위해서'라는 말이 있다.

대부분의 실패한 사람들은 근무시간 중에 자주 시계를 들여다본다. 시간이 느리게 간다고 느끼기 때문이다. 그러다가 퇴근시간 무렵만 되면 단 몇 분이라도 빨리 나가려 한다.

게다가 일하는 시간도 성공한 사람에 비해 턱없이 적다. 틈만 나면 일을 중단하기 때문이다. 차를 마실 시간이라고 해서 쉬고, 친구가 왔다고 해서 쉬며, 전화가 왔다고 해서 또 쉰다.

실패한 사람들에게 일은 형식적인 의무일

뿐이다. 의무이니까 하지 않으면 안 된다는 의식으로 '하는 척' 하다가 틈만 나면 일에서 벗어나려고 한다.

반면 성공한 사람들은 업무시간에 충실함은 물론이고, 업무시간 이외에도 기회만 있으면 열심히 일을 한다. 그들은 일하기를 좋아하며, 일하고 난 다음에 오는 성취감을 느끼기 때문이다.

흥미로운 사례로 여객기 안에서 1등석과 2등석에 앉아 있는 사람을 대상으로 일곱 번에 걸쳐서 조사를 해보았다. 그런데 비행 중에도 일을 하는 사람이 1등석에서는 32.6퍼센트나 됐고, 2등석에서는 12퍼센트였다. 2등석보다 1등석에 탄 사람들이 세 배 가까이 일을 더 하는 셈이다. 그 결과가 그들을 비행기의 1등석과 2등석에 앉도록 만든 것이다.

성공하는 사람은 셀프 스타터

우리는 지금 자동화시대에 살고 있다.

스위치 하나만 누르면 모든 일이 이루어지

는 참으로 편리한 세상이다.

몇십 년 전만 해도 수동식 기계가 많았다. 자동차의 시동을 걸 때도 수동 크랭크를 돌려서 걸어야 했다. 특히 추운 겨울날에는 시동을 걸기 위해서 비지땀을 뻘뻘 흘려야 했으며, 심한 경우에는 크랭크를 돌리다가 팔을 다치는 일까지 있었다.

어디 그뿐인가? 지금은 수도꼭지만 틀면 물이 콸콸 나오지만, 불과 20여 년 전만 하더라도 우물물을 두레박으로 퍼 올리거나 수동 펌프로 물을 퍼 올릴 때는 먼저 펌프 안에 물을 부어서 땅속에 있는 물을 끌어올려야만 했다.

이런 불편함을 없애기 위한 노력으로 오늘날은 모든 기계가 대부분 자동화가 되었다.

그런 시대에 우리는 과연 어떤가? 기계는 자동화가 되었는데, 인간은 아직도 수동적인 사람이 많은 것 같다.

스스로 움직이는 사람을 '셀프 스타터self starter'라고 한다.

세상에는 세 종류의 인간이 있다. 첫 번째는

자신의 일을 스스로 알아서 하는 유형으로서 전체의 2~3퍼센트를, 두 번째는 남이 시키는 일만 하는 유형으로서 94퍼센트를, 마지막 세 번째는 시키는 일도 잘 안 하는 유형으로서 2~3퍼센트를 차지한다고 한다.

여기서 중요한 것은 성공한 사람이라고 불리는 사람들은 모두가 첫 번째 유형, 즉 스스로 알아서 하는 셀프 스타터라는 사실이다.

나는 어떤 유형인가를 생각해 보자. 셀프 스타터인가? 아직도 수동적이라면 셀프 스타터가 되도록 끊임없이 노력해야 한다.

성공한 사람이 될 것인가, 실패한 사람이 될 것인가? 이것은 오직 선택에 달렸다.

22

최선의 노력을 하고 있는가?

포기하지 않고 끈기 있게

세상 사람들에게 가장 많이 읽혔던 소설 가운데 하나인 《바람과 함께 사라지다》의 저자 마거릿 미첼은 처음부터 인기 작가는 아니었다.

남북전쟁 당시 종군기자였던 미첼은 전쟁터에서 부상을 당하고, 고향 애틀랜타에 돌아와 쉬고 있었다. 이 기간에 구상한 작품이 《바람과 함께 사라지다》이었는데, 5년여의 각고 끝에 소설을 완성했지만 어느 누구도 출판을 해주지 않았다.

무명작가의 소설을 출판한다는 것은 큰 모험이기 때문이었다. 미첼은 낙심하지 않고 여러 출판사를 찾아 헤맸다. 그렇지만, 아무런 성과 없이 7년이란 세월이 흘렀다.

그러던 어느 날, '뉴욕에 있는 큰 출판사인 맥밀란의 사장 레이슨이 애틀랜타에 왔다가 기차로 돌아간다'라는 짤막한 신문기사가 눈에 띄었다.

이 기사를 본 미첼은 원고 보따리를 가지고 역으로 달려갔다. 그리고 막 승차하려는 레이슨 사장에게 원고 보따리를 주면서 다음과 같이 말했다.

"사장님, 이건 제가 쓴 소설 원고인데요. 읽어보시고 관심 있으시면 연락 주십시오."

그러나 레이슨 사장은 원고 보따리를 선반 위에 집어던지고 관심조차 두지 않았다. 기차를 탄 지 두 시간쯤 지났을 때 여객 차장이 웬 전보 한 장을 갖다주었다.

'레이슨 사장님, 원고를 읽어보셨습니까?

아직 안 읽으셨다면 첫 페이지라도 읽어 주십시오. - 미첼 올림.'

전보를 받고서도 레이슨은 별 관심을 두지 않았다. 그런데 다시 두 시간쯤 지났을 때, 똑같은 내용의 전보가 또다시 날아왔다. 그래도 레이슨은 관심을 두지 않았다.

그 후 또 두 시간이 지난 뒤 세 번째의 전보가 배달되었다. 그제야 레이슨은 '도대체 무슨 얘길 썼기에 이 야단인가?'하고 원고 보따리를 풀어서 첫 페이지를 읽기 시작했다. 그러고는 기차가 뉴욕 역에 도착하는 것도 모르고 그 내용에 심취되었다.

이렇게 어려운 진통을 겪고 빛을 보게 된 《바람과 함께 사라지다》는 출판되자마자 큰 반향을 일으켰고, 나중에는 영화로까지 제작되어 불후의 명작으로 남게 되었다.

사람들은 타인의 성공을 '재능이나 운이 좋아서' 빛을 본 것으로 생각하는 경향이 있지만, 세상에 힘 안 들이고 성공할 수 있는 것은 아무것도 없다.

역경 속에서 피운 꽃이 더욱 아름답다

위대한 사람들의 공통점은 모든 역경을 극복했을 뿐만 아니라, 그 역경을 성공의 계기로 삼았다는 것이다.

르네상스 시기 천재적 조각가이자 화가이며 건축가, 시인으로 역사에 이름을 크게 남긴 미켈란젤로의 생애는 결코 평탄치 못했다.

정부 고관의 아들로 태어났지만, 여섯 살 때 어머니를 잃었고, 성격이 모나서 다른 아이들과 잘 어울리지를 못했다. 그러나 어려서부터 예술적인 재능이 뛰어나 아버지의 반대를 무릅쓰고 열세 살 때부터 그림과 조각을 배웠다.

그 후 조각용 대리석을 다듬는 일꾼으로 일하게 되었는데, 어느 날 못 쓰는 대리석에 조각을 했다. 그것을 본 고용주 로렌초 메디치가 미켈란젤로의 천재성을 발견하고 집으로 데려간다. 그때부터 미켈란젤로는 인문학자들과 접촉하고, 고전문학이나 신구약성서를 탐독함과 동시에 조각을 위한 인체해부도에 전념하여, 자신의 재능을 마음껏 발휘하게 된다.

훌륭한 조각가로 인정받은 미켈란젤로에게 교황 율리우스 2세가 자신의 무덤을 조각해 달라는 부탁을 해왔다. 나이 서른한 살 때였다. 그러나 미켈란젤로를 시기하는 화가 라파엘로와 그의 친척인 브라만테가 교황에게 "생존해 있을 때 묘지를 만드는 것은 좋지 않다"라고 고하고, 시스티나 성전의 천장에 그림을 그리게 하는 것이 좋겠다고 제의했다.

미켈란젤로는 벽화나 천장화에는 경험이 없다고 거절했지만, 교황의 명령으로 일을 하지 않을 수 없게 되었다. 그때부터 미켈란젤로는 어둡고 좁은 성당 안에다 사다리를 놓고 그림을 그리기 시작했다. 천장은 높은데다가 중앙에 각이 있었고, 경사가 져서 그림을 그리기가 여간 힘들지 않았다.

엎친 데 덮친 격으로 미켈란젤로를 적대시하는 브라만테의 간계로 보수를 지불받지 못했고, 교황과도 충돌하는 악조건 속에서 자유를 빼앗긴 죄수처럼 어둠침침한 성당 안에서 그림 그리는 일에만 전념하였다. 그리고 4년에 걸쳐 자신의 머리 위로 천지창조, 인간의 타락, 노아의 홍수 등의 거대한 파노라마를 하나씩 재현해 나갔다. 그동안 몇 번이나 실패를 거듭했지만 좌절하지 않았고, 완성될 때까지 자신이 구상하는 의미를 표현하려고 혼신의 힘을 다했다.

각고의 노력 끝에 마침내 천장의 그림이 완성되었다. 여러 사람이 지켜보는 가운데 미켈란젤로가 성전의 문을 열자 교황의 머리 위에는 숭고하고 장엄한 세계가 펼쳐졌다.

위로 하늘이 열리면서 창조주인 하느님이 우주를 창조하는 모습이 보이고, 미켈란젤로가 상상해서 그린 최초의 인간 아담이 나타나자, 뒤이어 하와가 창조주를 경외하는 모습으로 바라보고 있다. 그 주위에는 34명의 예언자와 천사들이 둘러싸고 하느님을 찬양하고 있었다.

이 웅장하고 장엄한 그림을 바라본 교황과 주위 사람들은 그만 넋을 잃고 말았다.

어느 시대, 어느 사회를 막론하고 성공한 사람들은 주어진 일에 최선의 노력을 한다. 성공이란 마라톤처럼 긴 과정을 거쳐서 마지막까지, 그것도 경쟁자들보다 앞서 완주해야만 얻을 수 있는 승리의 월계관과 같은 것이기 때문이다. 개인의 성공뿐만 아니라 조직의 성공도 마찬가지다. 성공한 기업, 성공한 국가를 보면 조직발전을 위해 구성원 한 사람 한 사람이 투철한 사명감을 갖고 최선의 노력을 다한다.

우리나라가 일제강점기를 거쳐 전쟁의 폐허에서 벗어나 오늘날 이렇게 성장한 것은 온 국민이 하나가 되어 최선의 노력을 했기 때문이며, 제2차 세계대전 패전국인 일본이 경제대국으로 성공할 수 있었던 원동력 역시 최선의 노력에 있었다.

어떤 희생을 치르고서라도 반드시 성공하고야 말겠다는 굳은 각오와 최선의 노력만이 위대한 업적을 만든다.

23

노력에도 성공 법칙이 있다

상념하고, 상념하고, 또 상념 하라

여기 끝이 없을 만큼의 대부호大富豪가 된 억세게 운 좋은 한 사나이가 있다.

1957년 그가 열아홉 살 때 미국에서 열리는 '세계 레슬링 대회'에 출전하는 일본 대표선수로 뽑혔다.

'나는 기필코 챔피언이 되겠다!'

굳은 결심을 한 그는 미국으로 떠나기 전에 사진관에 가서 레슬링 유니폼을 입은 채 미국과 일본의 국기를 배경으로 '나는 우승을 했다!'라는 만족한 표정을 지으며 사진을 찍었다.

미국에 도착하여 공항 로비를 걸어가는 도중에, 발밑에 1달러짜리 지폐가 떨어져 있는 것을 본 아오키는 돈을 주우면서 결심을 한다.

'좋아! 이대로 미국에 남아서 부자가 되련다.'

레슬링 대회에서 악전고투 끝에 우승을 하고 난 그는 귀국하는 선수단 일행과는 작별을 고하고 미국에 홀로 남는다.

차가 보편화되어 있는 미국에서 아오키는 멋진 차를 찾아 나섰다. 마침 롤스로이스 한 대를 발견한 그는 차 주인에게 부탁하여 자기 차인 양 운전대를 잡고 사진을 찍었다. 그리고 지갑 속에 그 사진을 넣고 다니면서 수시로 꺼내 보며, 꼭 롤스로이스를 갖고야 말겠다는 다짐을 한다. 놀랍게도 6개월 뒤에 그는 실제로 롤스로이스를 갖게 된다. 거짓말 같지만 그에게 반한 부잣집 딸이 선물로 준 것이다.

미국생활 7년 만에 아오키는 소망하던 '베

니하나'라는 상점을 열어 이후 50여 개가 넘는 '베니하나 체인점' 사장으로 큰성공을 거둔다. 이때도 아오키는 먼저 자기가 차리고 싶은 상점과 비슷한 건물에 가서 사진을 찍고는 매일같이 사진을 보면서 상념想念에 잠겼다.

마음은 자기실현에 선행한다

로키 아오키가 자신이 바라는 대상을 배경으로 사진을 찍은 이유는 무엇이며, 그것이 성공의 법칙과 어떤 연관이 있는 걸까?

인간에게는 두 가지의 마음이 있다. 하나는 일반적으로 통용하는 의식화된 마음으로 현재의식顯在意識이라고 하며, 또 하나는 의식할 수 없는 마음으로서 잠재의식潛在意識이라고 한다.

원대한 꿈의 실현은 잠재의식에 무엇을 어떻게 그리느냐에 따라서 이뤄지기도 하고 안 이뤄지기도 한다. '인간의 행동은 마음이 선행되어야 한다'라는 것이다.

하잘것없는 작은 일에서부터 인류 역사상 빛나는 업적을 이룬 위대한 일에 이르기까지 인간의 마음이 선행하지 않고 실현된 것은 하나도 없다.

'마음은 행동에 선행한다'라는 말을 '마음은 실현에 선행한다'라고 바꿀 수도 있다. 따라서 자기가 실현하고자 하는 목표를 우선 선택하는 것이 중요하다. 초지일관이란 말은 처음에 먹은 마음을 끝까지 관철한다는 뜻이 아닌가?

우리 주위에는 실현이 불가능하다고 생각했던 일들을 엄청난 장애에도 '나는 할 수 있어! 해내고야 말 테야' 하는 굳은 마음으로 실현된 예가 얼마나 많은가?

소아마비를 딛고 일어선 미국의 루스벨트 대통령, 귀가 먹었어도 위대한 음악을 작곡한 베토벤, 심장병을 앓으면서도 화약을 발명한 노벨은 너무도 유명한 일화이다. 이 외에도 말더듬이를 극복하고 위대한 웅변가가 된 데모스테네스, 절름발이 천민 출신으로 뛰어난 도공陶工이 된 조사, 앞이 보이지 않고, 들리지 않고, 말을 못 하게 되었어도 사회사업가로 크게 활약했던 헬렌 켈러 모두 '나도 할 수 있다'라는 마음가짐으로 고난을 극복하고 대성한 사람들이다.

성공한다는 것은 우리가 가진 육체를 떠나 마음가짐에 따라 좌우된다.

현재가 불행하다고 생각하는가?

성공을 갈망하는 마음은 딱딱한 껍질을 가진 호두와 같다. 호두 속의 생명이 열기를 받으면 그 딱딱한 껍질을 깨고 싹을 틔우듯이 욕망은 성공의 위대한 씨앗이다.

당신의 희망이나 이상을 정말로 실현하고 싶다면 '내가 하고자 하는 일이 무엇인가?'를 명백히 설정해야만 한다. 그것도 추상적이 아니라 구체적으로 그려야 한다.

그러나 자기의 꿈이나 목표를 선명하게 선택했다고 하더라도 노력을 하지 않고서는 성공할 수가 없다. 노력이란 다름 아닌 자신이 그린 이미지를 지속시킴과 동시에, 그 이미지가 실현되었을 때 필요한 준비를 하는 것이다.

가령 사장이 되고 싶다면 사장이 되었을 때에 필요한 지식이나 역량, 품격, 사고방식 등에 관해서 충분히 적응할 수 있는 노력을 해야만 한다.

여기에서 빠지기 쉬운 함정은 '현재가 불행하기 때문에 행복을 찾는다'라는 부정적 사고방식이다.

즉 '현재가 불행하다'라고 생각함으로써 그 사람의 마음속에 불행의 이미지가 깃들기 때문이다. 그래서 불행하게 되고 만다.

노력 상승의 법칙 노력 역전의 법칙

> "의지력과 상상력이 동조했을 때 거기서 생성되는 '힘의 양'은 두 가지의 더하기가 아닌 '곱하기'에 의해서 측정된다."
>
> -에밀 쿠에

다시 말하면 의지력과 상상력이 같은 방향

으로 동시에 작용했을 때, 거기서 생성되는 에너지는 의지력에서 나오는 에너지와 상상력에서 나오는 에너지를 단순히 더한 것이 아니라, 이 두 가지를 곱한 양이라는 것이다.

일반적으로 물리적인 힘은 그 질량에다 운동 속도를 곱한 것으로 나타내는 원리와 같다.

이 법칙을 좀 더 구체적으로 적용시켜 보자.

어떤 사업체를 갖고 싶다면 우선 목표를 정하고 의지를 굳히는 동시에 당신의 상상력을 총동원한다. 그리고 그 목표가 달성되고 실현되었을 때의 이미지를 될 수 있는 한 구체적으로 상세하게 그린다.

그리고 목표달성에 필요한 모든 정보를 수집해야 한다. 이때 정보를 수집하는 것은 의지력이며, 수집하는 정보의 테두리는 상상력에 의해서 결정된다. 의지력과 상상력이 서로 도우면서 일을 추진해 나가면 '노력상승의 법칙'이 적용되기 때문에 성취 기간이 훨씬 더 줄어들게 마련이다.

우리 주위에 '억세게 운 좋은 사람들'이 있다. 그것은 스스로 알든 모르든 의지력과 상상력이 서로 동조하기 때문이다.

반면에 '억세게 운이 나쁜 사람들'은 '뒤로 자빠져도 코가 깨진다'라는 말마따나 하는 일마다 안 되게 마련이다. 이것은 의지력과 상상력이 반목反目하는 경우이다.

이때는 '노력 역전의 법칙'이 작용하여 애는 애대로 쓰고, 하는 일마다 고전을 하게 된다.

예를 들어 다이어트를 하기로 작정했다고 치자. 의지력을 발동해서 즐겨 먹던 고기도 사흘 동안이나 안 먹고 식사량도 줄여 나간다. 그런데 퇴근길에 직장 동료가 어울려 갈비를 맛있게 뜯으며 같이 한잔하자고 한다.

그 경우에 어떻게 할 것인가? '야, 맛있겠는데……'하고 갈비를 뜯었을 때의 맛을 상상하면서 '에라, 모르겠다. 삼수갑산을 가더라도 먹고 나 보자'하고 잔뜩 먹게 된다. 그 결과는 사흘 동안 굶느라고 애만 썼지 도로아미타불이다.

의지력과 상상력이 반목을 하면 의지력이 지고 상상력이 이기게 되어 있기 때문이다. 따라서 당신이 남보다 빨리 그리고 반드시 성공하고 싶다면 의지력과 상상력을 일치시켜야 한다.

앞의 예에서 동료가 갈비를 먹는 것을 보고, 먹고 싶은 충동이 일어날 때 얼른 부정을 해야 한다.

"저건 입에서는 순간적으로 맛있겠지만 몸 안에는 영원히 남아."

그리고 다이어트에 성공했을 때의 자기 모습을 그리면 먹고 싶은 유혹을 물리칠 수가 있다.

어떤 목표를 설정하고, 목표를 달성하기 위한 노력의 법칙을 당신은 이미 알고 있다. 법칙대로 실행만 한다면 당신은 반드시 성공할 것이다.

24
끝마무리가 성공을 좌우한다

99만 9,999번을 실패했다고 하더라도

성공 게임에는 마지막이 중요하다.

베네수엘라의 수도 근처에서 세 사나이가 다이아몬드를 찾고 있었다. 그들은 밤낮을 가리지 않고 열심히 땅을 파며 자갈을 뒤졌으나 끝끝내 다이아몬드는 나오지 않았다. 지칠 대로 지친 세 사나이 가운데 솔라노라는 사람이 먼저 포기를 선언했다.

"어휴, 난 더는 못하겠어! 지쳤다고. 더는 찾아봐야 아무 소용도 없잖아."

그러자 다른 사나이가 말렸다.

"이봐, 그래도 좀 더 찾아봐야지. 우리가 여태까지 한 고생이 아깝지도 않아?"

"흥, 자네나 더 해보라고. 이 자갈들이 보이지 않나? 자그마치 99만 9,999개의 자갈을 뒤졌어. 하나만 더 채우면 백만 개라고. 하지만, 하나를 더 채운다고 다이아몬드가 갑자기 솟아나겠나?"

"좋아. 그럼 우리 하나만 더 주워 보지. 이왕에 시작을 했으니 백만 개나 채워 보자고!"

"백만 개를 채우자고? 좋아! 그럼 마지막으로 한 개만 더 주워 보고 끝내는 거야?"

백만 개째의 마지막 자갈을 주워 든 솔라노는 깜짝 놀라며 큰 소리로 외쳤다.

"이봐, 다이아몬드야! 엄청나게 큰 다이아몬드!"

1942년에 시가 20만 달러가 넘는 엄청난 크기의 눈부신 다이아몬드는 이렇게 발견되었다고 한다.

만약 솔라노가 99만 9,999번의 실패에 좌

절을 하고 포기했더라면 원하던 다이아몬드는 끝내 발견하지 못했을 뿐만 아니라, 얼마나 많은 시간과 노력을 물거품으로 만들었을까?

이 세상의 모든 일이 그렇듯이, 성공의 행운은 항상 마지막에서 승부가 난다는 사실을 명심해야 한다.

최후의 5분간을 어떻게 보낼까?

러시아 작가 도스토옙스키는 스물여덟 살의 젊은 나이에 사형선고를 받았다. 죄명은 사회주의 혁명단체에 가입했다는 것이었다.

영하 50도의 추운 겨울날, 두 사람의 사형수와 함께 사형대에 묶인 그에게 최후의 5분간이 주어졌다. 28년 동안을 살아오면서 단 5분간이 이처럼 소중하게 느껴지기는 처음이었다.

'이 최후의 5분을 어떻게 쓸까?'

순간적으로 생각한 그는 옆에 있는 두 사형수에게 한마디씩 작별 인사를 하는데 2분, 오늘까지 살아온 생활을 정리해 보는 데 2분,

나머지 1분은 대지를 그리고 자연을 둘러보는 데 쓰기로 작정했다.

눈에 고인 눈물을 삼키면서 작별 인사를 하고, 가족들을 잠깐 생각하니 벌써 2분이 지나 버렸다. 그리고 자신에 대하여 돌이켜 보려는 순간, '이제 3분 후면 내 인생도 끝이구나' 하는 생각이 들자 눈앞이 캄캄해졌다.

지난 28년이란 세월을 아껴 쓰지 못한 것이 후회되었다. '이제 다시 한 번 더 살 수만 있다면 순간순간을 값있게 쓰련만는…….' 그는 뒤늦게 뉘우쳤지만 가슴만 아파질 뿐이었다.

'이제는 죽는구나'하고 눈을 감았을 때 기적이 일어났다. 멀리서 한 병사가 흰 수건을 흔들면서 황제의 특사령을 가지고 달려왔던 것이다. 사형 직전에 풀려난 도스토옙스키는 긴 유형생활을 하다가 1859년 자유의 몸이 되어 모스크바로 돌아왔다.

그는 사형대에서 느꼈던 '시간의 소중함'을 평생 잊을 수가 없었으며, 그 결과 철저한 시간 관리와 불타는 정열로 《죄와 벌》, 《카라마

조프의 형제들》, 《악령》 등 수많은 명작을 발표하여, 톨스토이에 비견되는 세계적 문호로 성공했다.

인생은 시간의 연속이며, 오늘은 남은 인생의 첫날이다.

적은 시간을 최대한 활용하라

한 샐러리맨이 30년 동안 살아온 자신의 시간을 분석해 보았다.

30년은 날짜로 10,950일인데, 그 중에서 잠잔 시간이 3,505일, 불쾌했던 시간이 1,596일, 담배를 피운 시간이 1,140일, 텔레비전을 본 시간이 775일, 책을 읽은 시간이 722일, 차 타는 데 소모한 시간이 691일, 관혼상제에 참석한 시간이 554일, 모임이나 파티에서 보낸 시간이 517일, 남을 흉본 시간이 441일, 술집에 간 시간이 266일, 도박으로 보낸 시간이 258일, 그리고 땅바닥에서 기어다닌 시간이 197일이었다고 한다. 30년 동안 잠자고, 화내고, 술 마시고, 담배 피우고, 도박하고,

흉보고, 텔레비전을 본 날들을 합치면 8,493일, 즉 23년을 비생산적으로 소모한 셈이다.

“보통 사람은 시간을 소비하는 데 마음을 쓰고, 재능 있는 사람은 시간을 이용하는 데 마음을 쓴다.”

–쇼펜하우어

당신은 지난 1년 365일, 즉 8,760시간을 어떻게 사용해 왔는가? 불평불만으로 허송세월을 보내지는 않았는가? 아니면 충실하게 보냈는가?

“인생은 시간의 연속입니다. 우리가 완전무결한 생활을 영위하려면 적어도 200년이란 세월이 필요합니다. 그러나 사실은 우리들의 생명이란 오래 산다고 하더라도 8, 90년밖에 살 수 없습니다. 아니, 어떤 사람은 50년 안에 인생을 마치고 맙니다. 이 짧은 기간에 우리는 과연 얼마만 한 일을 할 수가 있겠습니까?”

단 하루라도 낭비해서 좋은 날은 없습니다. 가장 적은 시간을 잘 이용하는 데에 바로 능률증진의 원칙이 있습니다."

능률증진이 있는 곳에 성공이 있다면, 시간 활용은 성공의 열쇠이다.

25

성공에는 용기가 필요하다

용기는 기관차, 자신감은 객차

성공한 사람들의 공통점은 용기와 자신감의 소유자들이란 점이다.

용기란 어떤 일에 겁내지 않고 씩씩하게 대처하는 마음이며, 자신감이란 자기의 능력이나 가치를 확신하는 마음이다.

자기가 갖고 싶은 것을 소유하려고 하거나, 하고 싶은 일에 도전할 때 여러 가지 사건이나 어려운 문제에 부딪히게 된다. 그러나 정말로 갖고 싶은 것을 손에 넣으려 하고, 하고 싶은 일을 실현하려는 욕망이 강렬하면 쉽게 포기하지 않고 열심히 하게 된다. 열심히 계속하다 보면 요령을 터득하게 되며, 동시에 자신감이 붙게 마련이다.

용기가 자신감을 끌어낸 것이다. 무언가 새로운 일을 시작할 때 처음부터 자신감이 있는 사람은 없다. 하고 싶은 일에 용기를 갖고 실행한 후에야 비로소 자신감이 생기는 법이다.

그래서 용기를 기관차라고 한다면, 자신감은 객차라고 할 수 있다. 객차가 아무리 훌륭해도 기관차가 없으면 열차는 움직이지 않는다. 대부분의 사람은 어떤 일을 하려고 할 때, 먼저 자신감을 얻고 나서 실행하려고 이 궁리 저 궁리 하다가 시작도 해보지 못하고 좋은 기회를 놓치기 일쑤다.

그러나 어떤 일이든 자신감에 선행되어야 하는 것이 용기이며, 용기가 자신감을 끌어내 준다는 사실이다.

자신과 대면할 용기가 있는가?

세상에 꿈꾸는 사람은 많다. 부자가 되고 싶

은 사람, 명예를 얻고 싶은 사람, 권력을 잡고 싶은 사람, 아름다워지고 싶은 사람, 행복해지기를 바라는 사람 등등. 실로 많은 사람이 무지개처럼 아름다운 꿈을 꾸고 있다.

그러나 그들 대부분은 꿈꾸는 용기는 있지만 그 꿈을 이루기 위해서 자기의 꿈과 현재의 자신이 얼마나 먼 거리에 있는지, 장단점이 무엇인지, 공정한 평가를 내릴 수 있는 용기를 가진 사람은 그리 많지 않은 것 같다.

자기 자신과 대면할 용기가 없는 꿈은 한낱 잠꼬대로 끝나는 것에 불과하다.

멕시코에는 '불구하고'라는 유별난 비문이 새겨진 아름다운 석상이 하나 있다. 이 명칭은 석상의 주제에 붙여진 것이 아니라, 그 상을 조각한 조각가의 정신을 기념하기 위하여 붙여진 것이라고 한다.

그 사연인즉, 조각가가 석상을 만들던 도중 사고를 당해서 생명과도 같은 오른팔을 잃고 말았다. 조각가는 자기의 마지막 예술품인 석상을 완성하기로 결심하고 왼손으로 끌질하는 법을 배운다. 각고의 노력 끝에 신체적 결함에도 불구하고, 작품을 완성하였다. 이 놀라운 용기와 집념을 불태운 조각가를 기념하기 위하여, 〈불구하고〉라는 비문을 새긴 것이다.

어딘가 부족하거나 결함이 있었음에도 성공한 사람들 모두는 꿈을 실현하려는 간절한 염원과 함께, 자신의 능력에 정면으로 대면한 용기를 지닌 소유자들이다.

먼저 시작할 용기가 필요하다

천 리 길도 한 걸음부터 시작되듯이, 당신의 아름다운 꿈을 실현하기 위해서는 이제 시작하는 용기가 있어야 한다.

시작하는 데는 큰 용기가 필요하다. 달리는 자동차나 날고 있는 비행기보다, 서 있는 자동차나 비행기를 출발시키는 데 더 많은 에너지가 소모된다는 것은 누구나 아는 상식이다.

이 상식을 너무도 잘 알기 때문에 엄두를

못 내서 꿈만 꾸고 있는 사람들이 얼마나 많은가?

O. 헨리의 단편소설 중에 위대한 그림을 구상한 화가의 이야기가 있다.

그가 그리려고 구상한 작품은 실로 어마어마한 대작이었다. 화가는 만나는 사람들에게 자기가 그릴 작품을 구체적으로 자신 있게 설명했고, 이야기를 들은 사람들 모두가 감탄을 했다. 그림이 완성된다면 화가의 이름은 레오나르도 다빈치나 렘브란트에 비견될 만큼 불후의 예술가로 빛날 것 같았다.

그러나 그 화가는 구상한 것을 설명만 했지, 그림에 착수하지를 않았다. 평소에 앓아 왔던 관절염이 심해져서라든가, 기분이 우울해서 그리고 날씨가 좋지 않다는 등 그림을 그리지 못하는 나름대로 이유가 있었다.

그렇게 하루하루 허송세월만 보내다가 어느 날인가 화가는 죽고 말았다. 그가 구상한 야심적인 위대한 작품은 그의 운명과 함께 빛도 못 보고 사장되었다. 화가는 처음부터 시작할 용기가 없었다.

시작이 없이 완성이 없는 것처럼, 시작하는 용기가 없다면 당신의 꿈은 결코 이룰 수가 없다.

당신은 박수를 받는 성공한 사람이 되고 싶은가? 타인의 성공에 손뼉을 치는 사람이 되고 싶은가? 분명 박수를 받는 성공한 사람이 되기를 원할 것이다.

'시작이 반'이라는 말이 있듯이, 과감하게 뛰어들어야 성공할 수가 있다. 용기 있는 자만이 성공자가 된다.

위험을 각오할 용기도 필요하다

인생에는 절대 안전한 길 따위는 존재하지 않는다. 위험 없이는 어떤 진보도 발명도 이루어질 수 없는 것처럼, 어떤 일이건 위험이 항상 도사리고 있다.

'배수진背水陣'은 한나라의 대장군 한신韓信

이 '정형구의 싸움'에서 변칙병법으로 대승리를 거둔 데서 유래한다.

한나라와 조나라가 정형구라는 험준한 산기슭에서 충돌했을 때였다. 그때 한신의 병력은 겨우 1만 명, 적의 병력은 30만 대군, 숫자로는 도저히 상대가 안 되는 싸움이었다.

그러나 한신은 용기를 잃지 않고, 정형구 바로 앞에 도착하자마자 기병 2천 명을 선발했다. 한신은 이 기병대를 먼저 출발시키면서 명령을 내렸다.

"기병대는 옆길로 가서 적의 망을 보고 숨어 있어라! 적들은 우리 본 진영이 퇴각하는 것을 보면 총공격을 감행할 것이다. 그때는 분명 적들의 성이 비어 있을 것이다. 그때를 틈타 전광석화같이 성안으로 쳐들어가 아군기를 세워라."

그리고 별동대를 다시 조직하여 한밤중에 면만수綿蔓水라는 강을 뒤로하고 진을 치도록 했다.

이튿날 날이 밝자, 한신은 불과 천여 명의

병력을 이끌고 대장기를 앞세워 북을 치면서 적진으로 돌격했다. 적장은 병력의 수만 믿고 일시에 쓸어버릴 심산으로, 전 병력을 이끌고 성문을 나왔다. 잠시 싸우는 체하던 한신은 북과 군기를 버리고 강가에 있는 아군 진영으로 도망을 쳤다.

힘도 안 들이고 공격하던 적장은 한신이 배수진을 친 것을 보고는 너털웃음을 터뜨리며 비웃었다.

"하하! 한신이라는 자는 병법의 정석도 모르는구나."

그 순간 도망치던 한신의 군대는 더는 물러설 곳이 없다는 사실을 알고는 죽음을 마다않고 분전했다. 결국, 적군은 퇴각하여 그들의 성에 이르렀으나 성은 이미 한신의 기병대에 점령당한 뒤였다. 벌써 성 위에는 한나라의 깃발이 힘차게 나부끼고 있었다.

혼란에 빠진 적군은 우왕좌왕하다가 그 많은 병력을 가졌음에도 결국 항복을 하고 말았다.

싸움이 끝난 후 막료들이 한신에게 물었다.

"병법에는 산을 뒤로, 물을 앞에 두고 싸우라고 했습니다. 그런데 이번 싸움은 물을 뒤에 두고 싸우면서도 승리를 거두었습니다. 그 까닭을 모르겠습니다."

"천만에. 배수진도 훌륭한 병법이다. '나를 사지死地에 두어야 비로소 살 수가 있다'라는 병법이 있지 않은가?"

실패를 딛고 일어날 용기가 중요하다

미국의 대표적인 CEO 해럴드 애보트는 젊은 시절, 무모하게 일에 덤비다가 실패를 하였다. 남보다 한걸음 앞질러서 성공을 하려다가 그동안 열심히 모았던 재산도 다 날려 버리고, 많은 부채에 시달리게 되었으며 실직까지 하게 되었다.

어느 날, 절망과 좌절감에 휩싸인 그는 다음과 같이 중얼거리며 길을 걷고 있었다.

"나는 이제 아무것도 없는 빈털터리야. 투

지와 신념마저 잃어버렸어."

그때 두 다리가 없는 남자가 스케이트보드를 타고 양팔로 힘차게 땅을 밀치며 달려오는 것을 보았다. 그 남자는 두 팔을 짚고서 보도 위를 올라오다가 해럴드와 시선이 마주쳤다.

"안녕하세요? 참 좋은 날씨입니다."

웃음을 띤 밝은 표정으로 먼저 인사를 하는 게 아닌가?

"네, 좋은 날씨군요."

형식적으로 답례를 하고 난 해럴드는 문득 양다리도 없는 불쌍한 남자가 행복한 모습으로 살아가고 있다는 것을 느꼈다.

'그렇다. 양다리가 없는 사람이 저토록 즐거워하며 확신에 찬 삶을 살 수 있다면 다리가 멀쩡한 나는…….'

순간 정신이 번쩍 들었다. 해럴드는 새로운 자신감으로 용기를 내어 은행에서 대출을 받고 열심히 뛰어다닌 결과 곧 취직도 하게 되었다. 그리고 나중에는 미국에서도 뛰어난 경영자로 손꼽히는 성공한 사람이 되었다.

사람은 누구나 살아가면서 작고 큰 실패를 거듭하게 마련이다. 그러나 중요한 점은 그 실패에 어떻게 대처하느냐 하는 것이다. 실패의 쓴맛을 보고 절망하여 패배자가 되는 삶도 있고, 재도전을 하여 승리자가 되는 사람도 있다.

"인간은 결코 패배자가 되도록 만들어지지 않았다."

헤밍웨이의 이 말은 우리에게 희망과 용기를 주는 교훈이다. 인생의 역경을 극복하고 대성한 수많은 사람처럼, 실패를 딛고 일어나 도전하는 사람만이 성공한다.

26
좋은 이미지를 구축하라

대통령의 당락을 좌우한 이미지 대결

현대 사회처럼 이미지가 중요한 시대도 일찍이 없었던 것 같다. 개인의 이미지는 사회 속에서 그 사람의 역할과 지위를 결정하는데 상당한 영향력을 미치기 때문이다.

과거보다 훨씬 대인접촉이 많아진 지금, 이미지는 매우 중요한 문제로 대두하고 있다. 좋은 이미지는 사람과 사람 사이의 인간관계를 좋게 만드는 출발점이 되며, 이미지 관리는 좋은 인간관계를 계속 유지하는 훌륭한 도구이다.

학자들은 21세기를 커뮤니케이션의 시대, 감성의 시대라고 부른다. 일방적이고 지식위주의 사회에서 쌍방향의 감성 중심의 사회로 가고 있기 때문이다. 이런 흐름 속에서 우리는 이미지의 중요성을 다음의 이야기를 통해 실감할 수가 있다.

1960년 미국 대통령 선거전에서 민주당 대통령 후보였던 존 F. 케네디는 공화당의 대통령 후보 닉슨 부통령과 대결하게 되었다. 당시 집권당인 공화당과 현직 대통령 아이젠하워는 닉슨 후보를 적극적으로 지원하였다. 게다가 닉슨 후보는 현직 부통령으로서 8년 동안이나 세계 각국을 순방하며 외교활동을 많이 했기 때문에 미국은 물론 세계적으로 널리 알려졌었다.

이에 비해 케네디는 명문 케네디 가문 출신이지만 일개 상원의원에 지나지 않았으며, 게다가 그에게는 가톨릭 신자라는 치명적인 약점이 있었다. 왜냐하면, 그때까지만 해도 미국 역사상 가톨릭 신자가 대통령이 된 전례가 없었기 때문이다.

그런데 이러한 약점을 만회하고 선거전을 역전시킨 계기가 된 것은 텔레비전 토론이었다. 미국 대통령 선거사상 양 당의 후보가 텔레비전에 출연하여 정책 대결을 벌인 것은 그때가 처음이었다.

닉슨 후보는 텔레비전 토론이 있기 바로 전날 건강이 좋지 않아서 일찍 집으로 돌아가 아내인 페루 여사의 간호를 받고 있었다. 반면에 케네디 후보는 동생 로버트, 에드워드와 함께 텔레비전 토론에 대비해 연설할 때의 음성과 자세, 표정, 행동, 내용 등 자연스럽고 논리적이며 호소력 있는 방법을 연구하고, 상대편의 예상 질문에 대한 답변까지 철저하게 준비했다.

마침내 텔레비전 토론의 순간이 왔다. 케네디는 밝고 환한 조명을 온몸에 받으면서 처음부터 끝까지 기선을 잡고, 그 특유의 제스처와 순발력으로 논리적이고 명쾌하며 자신감 있게 토론을 주도해 나갔다. 반면에 닉슨은 조명을 제대로 받지 못해 어둡고 침침해 보이는데다가 어딘가 자신이 없고 망설이며 주저하는 인상을 주었다. 그 결과는 불과 10만 표 차이로 케네디가 역전승을 거두어 대통령에 당선되었다.

좋은 이미지의 출발점은 마음 닦기

한순간의 이미지가 한 사람의 일생까지 바꾸어 놓는 것을 우리는 주위에서 어렵잖게 찾아볼 수가 있다.

좋은 이미지는 성공과 행복을 부르는 기초가 되며, 좋은 이미지를 만들기 위해서는 먼저 자신을 고치는 것부터 시작해야 한다.

외모와 인상, 태도 및 행동 그리고 화술은 오늘날 현대인에게 기본적으로 요구되는 이미지의 요건이다.

사람을 만날 때 얼굴을 맨 먼저 보게 되고, 그 사람의 인상을 통해 상대방의 의중을 어느 정도 파악하기도 한다. 즉 인상이 사람의 마음을 거짓 없이 표현해 주는 거울과도 같다고 느끼며, 그래서 바른 마음을 통해 밝고 바른 표정이 나온다고 믿고 있다. 그만큼 인상에 많은 비중을 두고 있다.

우리 민족의 지도자 백범 김구 선생의 예는 우리의 인상이 과연 무엇을 뜻하는지를 바로 보여주고 있다. 김구 선생도 한때 과거를 보았고, 여러 번 낙방했다고 한다. 한번은 크게 낙심하여 부친에게 말했다.

"저는 도저히 과거에 붙을 자신이 없습니다."

"그래, 정 그렇다면 네가 하고 싶은 일을 하여라. 그러나 세상에서 네가 큰일을 하려면 사람을 잘 만나야 하니, 관상학觀相學 정도는 배워 두어라."

부친의 충고대로 김구 선생은 얼굴의 생김새를 보고 그 사람의 속마음을 알아내고 미래를 예측할 수 있다는 관상학을 공부하기 시작했다. 몇 개월이 지난 후, 어느 정도 관상학에 자신이 생긴 김구 선생은 자신의 얼굴을 관상학적으로 살펴보았다. 아무리 생각해도 자신에게는 유망한 부분이 하나도 없어 심지어 죽고 싶은 마음조차 들었다. 그러다가 우연히 관상학 책의 마지막 부분에 적힌 다음의 글귀를 보고 용기를 얻었다.

'얼굴이 잘생긴 것은 몸이 건강한 것만 못하고, 몸이 건강한 것은 마음이 바른 것만 못하다.'

김구 선생은 크게 깨닫고, 바른 마음을 갈고 닦기 위해서 두루 공부하고 수양을 쌓았다고 한다.

훌륭한 화술이 좋은 이미지를 구축한다

이렇듯 좋은 이미지의 출발점인 인상은 바로 '바른 마음이 우선해야 한다'라는 사실에서, 우리는 이미지의 실체가 그저 눈에 보이는 것만을 뜻하지 않음을 알아야 한다.

바른 마음에서 우러나오는 좋은 인상은 결국 행동으로 옮겨가게 되고 그것이 그 사람의 태도로 나타난다. 평소의 태도는 순간적이거나 일시적으로 비치지만, 그것이 신뢰라는 이름으로 쌓였을 때 그 어떤 것보다도 굳건한 인간관계를 맺게 해준다.

상대방에게 호감을 얻는 태도나 행동은 그것이 쌓여 훌륭한 이미지의 바탕이 되고, 또 성공을 위한 초석이 된다. 현대사회에서 또 하나 필요한 것은 평소 밝은 마음, 밝은 표정으로 다른 사람에게 성실하게 임하는 것과 더불어 화술이 있다.

앞에서 서술한 바와 같이 커뮤니케이션과 감성의 시대인 21세기에는 양쪽의 대화와 통신이 더욱 중요시된다. 아무리 좋은 지식과 바른 마음을 가지고 있다고 하더라도 표현이 미숙하거나 잘못 표현을 한다면 그 사람에 대한 이미지는 평가절하될 수밖에 없다.

양쪽의 생각에 대한 이해가 대화를 통해서 확인되었을 때, 당사자들은 동질감을 얻게 되고 상호신뢰는 두터워진다. 또한, 복잡한 정보의 교류가 많을수록, 빈번한 정보교환과 의사전달의 정확성 그리고 분명한 감정의 전달이 중요해지기 때문에 훌륭한 화술은 더욱 요구된다. 따라서 정확하고 이해하기 쉬운 감동적인 화술이 좋은 이미지를 구축하는 관건이다.

결국, 좋은 이미지란 상대로 하여금 무한한 신뢰를 얻어내는 데 있으며, 신뢰의 척도가 곧 그 사람에 대한 이미지이다. 훌륭한 이미지의 구축을 위해서는 좋은 인상과 평소 신뢰감을 얻을 수 있는 태도와 인간관계를 돈독히 할 수 있는 나만의 화술을 갖고 있어야 한다.

동서고금에 통틀어 성공한 사람으로 손꼽히는 사람들은 모두 하나같이 인간관계를 소중히 하였고, 좋은 인간관계의 출발점으로 자신의 이미지 구축에 남다른 열정을 보여 왔다.

나만의 이미지를 만드는 방법

유통에 관한 한 세계 최고로 손꼽히는 하나다 가즈오는 세계 16개국에 진출해 있는 야오항의 사장으로 크게 성공한 일본인 중의 한 사람이다. 그가 쓴 《신념은 반드시 실현된다》

라는 책의 서두에는 누구나 실행할 수 있는 매력적인 방법이 소개되어 있다.

"나는 소년 시절부터 일기를 쓰는 훈련이 되어 있습니다. 이 일기를 활용하여 나는 밝은 성격이 되는 훈련을 하자고 결심했습니다. 일기에는 그날의 사건 중 반드시 좋은 일만을 쓰기로 했던 것입니다. 그리고 항상 '……때문에 좋았다'라고 쓰고 끝냅니다.

밝은 전망으로 모든 일을 받아들이는 습관을 들이자 내 신념에 밝은 불이 켜졌습니다. 그리고 적극적인 밝은 말로 표현된 신념은 저도 모를 어떤 종류의 에너지를 갖기 시작합니다.

그러나 매일 좋은 일만 있었던 것은 아닙니다. 때로는 '오늘은 정말로 형편없었다' 또는 '그놈이 미워서 견딜 수 없다'라는 생각이 들 때도 있었습니다. 그런 날은 그대로 쓰고 마지막에는 반드시 '……그래서 좋아진다'라고 쓰고 끝냅니다.

'때문에 좋았다' '그래서 좋아진다' 라고 계속해서 쓰고 믿으면 어려움을 극복하고 불가능을 가능하게 하는 에너지가 솟아나 멋진 운영을 개척할 힘이 생깁니다. 어떠하더라도 밝은 전망이 있다고 믿고 염원하는 것은 적극적인 정보가 두뇌나 생명력을 활성화합니다. 나는 그것을 45년 동안 몸소 체험해 왔습니다."

하나다 가즈오 사장이 성공한 비결은 일기라는 형식의 긍정적인 자기 대화로써 강한 자신만의 이미지를 만든 것이다. 하나다 가즈오도 처음부터 성공한 것은 아니었다. 모두가 그렇듯이 그도 처음 시작할 때는 풋내기 사업가였다. 그러나 자기의 원대한 꿈이 이루어지기를 바라며 매일같이 자기 이미지를 만들어 대성공을 하게 된 것이다.

성공한 사람들은 모두 자신의 이미지를 만드는 데 노력한 사람들이다. 긍정적인 자기 대화로써 위대한 자신을 만들도록 노력해야 한다.

성공의 시작은 훌륭한 이미지의 구축에 있으며, 훌륭한 이미지를 창출하고 성공하기 위해서는 화술이 그 열쇠이다.

27
품격을 높여라

정신적인 귀족이 되라

어느 사회, 어떤 조직이든 반드시 스타플레이어가 있다.

같은 일을 해도 활약상이 눈에 띄며, 평소의 언동도 어딘지 모르게 신뢰감이 넘친다. 주위 사람들이 '저 친구는 성공할 거야'라고 생각하면 사실 그대로 되어 간다.

남들에게 선망과 인정을 받고 출세가도를 달리는 사람이 되려면 자신의 품격을 높이고, 남들을 통솔하고 관리해 나가는 비결을 터득해야만 한다. 즉 댄디즘dandyism을 갖고, 스스로 카리스마를 만들어야 한다. 댄디즘을 근사하게 꾸미는 것쯤으로 생각하기 쉽지만, 진정한 댄디즘이란 물심양면으로 최고의 철학을 갖고 있으며, 진실을 추구하는 정신적 귀족주의를 말한다.

소지품 하나를 보더라도 어색한 부분이 없고, 행동에 품격이 있으며, 취미도 다분히 귀족적인 사람을 가리켜 댄디즘의 소유자라고 한다.

예를 든다면 꽃은 조화이어서는 안 되고, 음식도 인스턴트식품이면 안 된다. 책도 다이제스트 판이나 페이퍼백은 사지 않으며, 영화나 연극은 텔레비전을 통해 보는 것만으로 끝낼 수 없다는 생활 방식이다. 오케스트라나 오페라도 역시 실연實演으로 보지 않으면 안 되는 취향이다.

불필요한 장식은 되도록 배제하되, 싼 것이나 모조품으로 때우지 않는 것이 댄디즘의 철칙이다. 또한, 댄디즘은 물질에만 국한되는 것이 아니라 말이나 행동 등 삶의 전반에 반영

되어야 한다.

윈스턴 처칠은 제2차 세계대전 때 수상을 역임했으며, 위기 상황의 영국을 인내력으로 이끌었던 정치인이다. 그런 처칠이 '독일의 항복'을 의회에서 보고하게 되었다.

평소에도 뛰어난 연설가로 손꼽히던 그였기에, 전쟁에 승리한 때라서 반드시 훌륭한 연설을 할 것이라고 기대하며 모두 군침을 삼키고 있었다.

그런데 서슴없이 단상에 올라간 처칠은 기대와는 달리 다음과 같이 말하는 것이었다.

"여러분! 방금 독일이 항복했다는 보고가 들어왔습니다. 이것으로 전쟁은 끝입니다."

이 간단명료한 연설에 만장滿場은 박수갈채로 뒤덮였다고 한다. 말의 댄디즘이 아닐까 한다.

지도자는 자신이 죽을 줄 알면서도 싸우지 않으면 안 될 때가 있다. 댄디즘은 자신을 희생해 가면서도 약한 자를 돕고 강한 자에 맞선다.

댄디즘이 카리스마를 만든다

성공하려는 사람들이 댄디즘을 가져야만 하는 이유는 카리스마를 만드는 데 도움이 되기 때문이다. 동서고금을 통틀어 역사적인 지도자나 위대한 사람들의 공통점은 카리스마가 있다는 것이다. 카리스마란 '신성불가침의 권위' 또는 '보통 인간과는 다른 재능이나 힘'이다. 따라서 보통 사람들과 같은 행위로는 권위가 서지 않는다.

심리학에 후광효과後光效果는 어떤 사물을 더욱 빛나게 하는 배경이 되는 현상을 말한다. 가령 성적이 우수한 학생은 그 성격까지도 높이 평가되고, 어떤 한 방면에서 훌륭한 사람이 그와 상관없는 쪽의 발언을 하여도 그럴듯하게 들리는 것 따위이다.

댄디즘은 그 사람의 후광효과로, '저 사람은 우리와는 다른 멋이 있다'라는 인상을 주어 카리스마를 만들기에 없어서는 안 될 절대적인 조건이다.

이 카리스마 만들기는 업무에서도 중요하

다. 방법은 '하급자와 똑같은 차원의 일을 하지 않는다.'이다.

댄디즘이 철저한 미국에서는 어느 정도 고급 관리자가 되면 편지나 문서를 절대로 자기가 직접 쓰지 않는다.

어느 회사의 중역이 워드 프로세서를 치는 것을 좋아하여 회사에서 문서를 작성하고 있었더니, 사정을 모르는 신입사원이 그를 타자수로 잘못 알아 분개했다는 웃지 못할 이야기도 있다.

그래서 고위 관리자들은 타이프치는 방법을 알고 있다고 해도 타이프 키를 손수 치는 일은 결코 하지 않는다.

진정한 댄디즘을 몸에 익히는 방법

자신의 능력을 더욱 높게 그리고 고도의 일에 종사하고 있다는 이미지를 주기 위해서는 카리스마를 자유자재로 다룰 줄 알아야 한다.

한 비즈니스맨은 외국으로 출장을 갈 때마다 반드시 고급 호텔에 숙박을 한다.

"숙박료가 비싼 고급 호텔에 묵는 것은 곤란해요."

경리부장으로부터 주의를 받지만, 차액은 자신이 치르겠다며 계속 고급 호텔에서 묵는다. 경리부의 주의에도 이 비즈니스맨이 이렇게 하는 이유는 상대로부터 신용을 얻기 위해서이다. 값싼 호텔에 투숙하면 숙박료는 절감되지만 상대에게 약점을 보이게 되어, 정작 비즈니스에서는 큰 손해를 본다는 것이 지론이었다.

그렇다고 고급 호텔에 투숙하는 것만으로 품격이 높아질까?

물론 그렇지는 않다.

시골에서 갓 올라온 세상물정 잘 모르는 사람이 고급 호텔에 숙박해 봐야 시골 촌뜨기일 뿐이다. 제아무리 훌륭한 복장에 값비싼 보석으로 치장을 했더라도, 그 사람에게 어울리지 않으면 돋보이지 않는다. 또 외관상으로는 돋보인다고 해도 그 본바탕은 곧 드러나게 마련이다.

어느 호텔의 성대한 파티에 귀부인 한 사람이 주위의 시선을 끌고 있었다. 나이는 서른다섯 살 전후, 뛰어난 미모에 우아한 옷차림 그리고 반짝이는 보석이 부인을 더욱 돋보이게 하였다.

'어느 댁 귀부인일까?'

모두 호기심 어린 눈초리로 궁금히 여기는데, 대여섯 살쯤 돼 보이는 부인의 아들이 난데없이 얼음 조각상을 밀쳤다. 얼음 조각상이 기우뚱하는 것을 보고 놀란 부인이 소리쳤다.

"야, 이 새끼야, 대가리 깨져!"

순간 부인의 상스러운 말투에 모두 실망하고 만다.

진정한 댄디즘은 하루아침에 몸에 익혀지지 않는다.

골동품 가게의 주인은 진품과 모조품을 분별하는 능력을 점원에게 길러 주기 위해서, 처음에는 진품만을 손대게 한다. 그렇게 진품만을 보고 만지다 보면 모조품을 만났을 때 '이것은 가짜다'라는 직감이 작용하게 된다.

고급 취미나 귀족적인 행동을 몸에 익히는 것은 임시변통으로는 결코 불가능한 일이다. 어린 시절부터 교육을 꾸준히 받음으로써 비로소 댄디즘이 형성된다. 그리고 시간과 돈을 투자하고 몸소 체험을 해야만 한다.

28

꾸준히 책을 읽어라

한 권의 책이 인생을 바꾼다

중국 송나라 3대 황제였던 진종眞宗의 〈권학문勸學文〉에는 다음과 같은 내용이 실려 있다.

부자로 살기 위해서 좋은 논밭을 가지려고 하지 마라.
천 말들이 곡식이 책 속에 들어 있다.
편안하게 잘 살기 위해서 고대광실 높은 집을 짓지 마라.
황금기둥의 집이 책 속에 들어 있다.

대문 밖을 나서는데 따르는 사람이 없다고 한탄하지 마라.

갈대숲처럼 빽빽한 마차가 책 속에 들어 있다.

혼인을 하려는데 중매하는 자가 없다고 한탄하지 마라.

옥 같은 얼굴의 여인이 책 속에 들어 있다.

남자가 평생 욕심을 낼 것은
밝은 창문 앞에 앉아서 책을 읽는 것이다.

책은 인생의 보고寶庫이다. 책은 사상과 지식을 간직한 보물 창고이며, 책 속에는 인생의 모든 것이 들어 있다. '가난한 자는 책으로 말미암아 부자가 되고, 부자는 책으로 말미암아 존귀해진다'라고 하지 않았던가? 더불어 책은 우리에게 올바른 삶의 지혜를 가르쳐주는 좋은 스승이다. 한 권의 책은 우리 인생을 변화시키는 큰 힘을 가지고 있다.

성공한 사람들 중에는 독서광이 많다

미국의 심리학자 존 윗슨은 내관內觀에 의한 종래의 의식 심리학을 부정하고, 자극과 반응에 의한 행동주의를 제창했다.

"나에게 20명의 고아를 맡겨 준다면, 그 어떤 유명한 인간으로도 길러 낼 자신이 있다. 장군으로, 대학자로 그리고 큰 도둑으로도……."

윗슨이 호언장담한 이 말의 바탕이 된 자극반응설刺戟反應說에 따르면 인간은 자극에 반응하는 쪽으로 발달한다는 것이다. 그렇다면, 운명을 자기 스스로 개척하고 완성해야 할, 자기 계발을 위한 자극은 어디서 얻을 수 있을까? 가장 대표적인 것 가운데 하나가 독서이다.

성공한 사람이나 위인들 가운데는 독서가들이 많았다. 책을 꼭 읽어야 할 학자를 제외하고라도 링컨, 나폴레옹, 마오쩌둥, 처칠, 무솔리니, 케네디, 김대중 전 대통령 등은 대단한 독서가였다.

그중에 무솔리니는 이탈리아에서 대장장이

아들로 태어나 총통의 자리에까지 오른 입지전적 인물이다. 그가 입신양명할 수 있었던 비결은 독서라고 한다.

또한, 끊임없이 독서를 했을 뿐만 아니라, 자기가 읽은 것을 체계적으로 메모하는 습관을 지녔으며 글도 잘 썼다. 히틀러가 나치즘의 이론을 600여 페이지에 이르는 《나의 투쟁》에다 풀어놓은 데 비하여, 무솔리니는 파시즘의 이론을 단 10페이지의 작은 책자에다가 요약해 놓았다.

새로운 로마제국을 건설하려던 그릇된 야망은 제2차 세계대전의 패배로 최후를 맞았지만, 독재자들 중에서 가장 교양 있고 세련된 사람이었다.

아시아 태평양 경제사회위원회ESCAP의 보고서에 의하면, 국민 1인당 연간 독서량이 한국은 2.7권, 미국이 10.8권, 일본이 12.7권으로 나와 있다.

사람은 누구나 책을 읽음으로써 학문과 견문이 넓어진다. 베이컨은 '책을 읽는 것은 완성된 인간을 만든다'라고 했다.

즉 독서는 세계 60억이 넘는 인간들, 더 나아가 인류 역사상 헤아릴 수 없이 많은 인간의 지혜와 맞닿을 수 있으며, 성공의 비결들을 접할 수 있는 가장 손쉬운 방법이다.

당신은 어떤 형의 독서가인가?

노래를 제대로 못 부르는 사람을 음치라고 하며, 지능이 낮아서 어리석은 사람을 백치라고 한다. 한자에서 치癡는 '어리석다' '지각이 없다' '미치광이'의 뜻을 지니고 있다.

세상에는 이 '치' 자가 붙어야 할 사람이 많다. 그 가운데서 가장 나쁘면서도 층이 넓은 것이 독서치讀書癡이다. 이 독서치들은 부끄럼도 타지 않고 당당하기까지 하다.

다음 독서치의 유형을 살펴보고, 어느 형에 속하는가 스스로 자기진단을 해 보기 바란다.

- **책벌레 형**: 하루도 거르지 않고 책을 반드시 읽는다는 것을 제외하고는 별다른 능

력이 없다.

- 국수주의 형: 한국인이 쓴 책밖에는 읽지 않으며, 그중에서도 어느 특정 작가의 것만을 골라 읽는 사람이다. 순수하지만 폭이 좁다.
- 유행추종 형: 유행하는 시기물의 책만 골라서 읽는 사람이다.
- 경소단박輕小短薄 형: 짧은 단행본만 읽으며, 전집은 물론 상하 두 권의 책도 읽은 일이 없는 사람이다. 내용도 비교적 가벼운 책들만 읽는다. 독서열은 왕성한데 중후함이 빠져있는 독서가이다.
- 광고현혹 형: 신문광고나 화려한 광고 문구에 혹해서 책을 사는 사람이다. 자칭 신간 전도사라고 자처하지만 고전은 한 권도 읽지 않는 유형이다.
- 지지부진 형: 읽는 속도가 소걸음처럼 느려서 진전이 없는 사람으로, 문장을 지나치게 되새겨 가며 읽기 때문에, 책 한 권을 읽는 데 오래 걸린다.

- **액세서리 형:** 책은 곧잘 사지만 결코 읽지 않는 사람이다. 사람들에게 돋보이게 하기 위해서 겉치레로 책을 갖고 다니거나 진열해 놓는 소유자이다.

지식의 원천이자 인간이 성숙하게 되는 지적知的 작업인 독서는 어떻게 해야만 바람직한지 올바른 독서법을 통한 독서가가 되는 방법은 아래와 같다.

- **첫째, 읽고 싶은 때에 열중하여 읽는다.**
무슨 일이든 의욕이 솟았을 때 열중하는 것이 마지못해 하는 것보다 몇 배나 더 효과적이다. 따라서 책은 읽고 싶을 때 열중하여 읽는 것이 효과적이다.

- **둘째, 장편소설이나 대작**大作**은 단숨에 독파한다.**
대작은 읽다가 중단하면 끝까지 읽기가 어렵다. 따라서 단숨에 읽는 것이 효과적이다.

· 셋째, 동서고금의 모든 분야를 가리지 않고 골고루 읽는다.

지식의 국수주의에 사로잡혀서는 안 된다. 현대인은 세계주의자가 되어야 한다. 현대의 작품에서 고전까지 골고루 읽어야만 지적인 영양실조에 걸리질 않는다.

· 넷째, 빠른 속도로 개요를 파악하면서 읽는다.

현대는 정보 과잉의 시대이다. 정보의 홍수를 이기는 것은 속도뿐이다. 짧은 시간에 많은 책을 읽지 않으면 꼭 알아야 할 것을 놓치는 경우가 많다. 속독법을 익히는 것도 좋다.

· 다섯째, 전문서적이나 중요한 부분은 되새겨 가며 읽는다.

책은 심도있게 읽어서, 글 속의 깊은 뜻을 올바로 터득하여 자기 것으로 만드는 데 의의가 있다. 일반적인 상식이나 취미로 보는 책이 아닌 전문서적이라면 정독精讀을 원칙으로 한다.

이 밖에도 많은 독서법이 있지만 이 다섯 가지 원칙만이라도 실천을 잘한다면 훌륭한 독서가가 될 수 있다.

선진국의 비즈니스맨은 수입의 5퍼센트 정도를 도서구입비로 충당하고 있다고 한다. 읽고 싶은 책을 구입하기 위한 금전적 투자를 아끼지 말라고 하고 싶다. 책을 읽는 데 필요한 것은 시간과 노력이지만, 필요한 책은 꼭 사서 읽어야 한다. 도서관을 이용하는 것도 좋다.

29

정보를 지배하라

정보가 부자로 만든다

나폴레옹이 엘바 섬을 탈출하여 황제의 자리를 되찾자, 전 유럽은 다시금 전쟁의 공포에 떨기 시작했다.

용병술의 귀재이자 강인한 리더십을 지닌 나폴레옹은 알프스를 넘던 기개로 재무장을 하였다. 이 소식을 전해들은 유럽의 왕가와 귀족들은 전전긍긍하지 않을 수 없었다. 마침내 워털루에서 전 유럽 연합군과 나폴레옹의 프랑스군이 대치했다.

전쟁이 발발하자 영국과 유럽 국가들의 귀

족은 서둘러 재산을 처분하려고 분주했다. 이때 귀족들이 헐값으로 내놓은 재산을 열심히 사들인 사람이 있었다.

로스차일드는 워털루 전투에서 나폴레옹이 결코 이길 수 없다는 정확한 정보를 입수하고 있었다. 모두가 전쟁의 패배를 걱정할 때 로스차일드만이 승리를 예견했던 것이다.

로스차일드는 독일에서 태어난 유대인으로 한 귀족 가문에서 종복으로 있었다. 그가 독립하여 차린 골동품 점에는 단골손님들이 많이 있었는데, 주로 옛 화폐를 수집하려는 귀족들이었다. 로스차일드는 귀족들을 상대하면서 조금씩 상류사회에 얼굴을 내밀었다.

로스차일드는 골동품 점을 통해 이런저런 정보를 입수하여 많은 돈을 벌었으며, 다섯 명의 아들을 빈, 런던, 나폴리, 파리, 프랑크푸르트 등 유럽 곳곳에 흩어져 살게 하였다. 그리고 아들들에게 사교의 중요성과 정보수집의 소중함을 단단히 교육했다.

로스차일드가 나폴레옹의 패전을 정확히 예견할 수 있었던 것도, 유럽에 퍼져 있는 아들들과 그의 인맥이 보내 준 정보 덕분이었다. 나폴레옹의 패전으로 말미암아 그는 엄청난 거금을 벌게 되었고, 그 돈을 바탕으로 오늘날 세계적인 부호 로스차일드 가문이 생겨난 것이었다.

로스차일드는 금융의 귀재이기 전에 정보의 귀재였다.

정보를 활용하는 능력

1950년대 초의 어느 날, 월트 디즈니가 친구 아트 링크레터를 찾아갔다.

"여보게. 나랑 함께 꼭 가 봐야 할 곳이 있네."

친구를 차에 태우고 로스앤젤레스에서 40킬로미터나 떨어진 황량한 들판으로 데리고 간 월트 디즈니는 차에서 내리며 소리쳤다.

"아트, 여기가 바로 환상의 낙원을 세울 땅일세. 어떤가? 자네도 이 주변의 땅을 사두는

게 말이야.”

그러고는 그곳에다가 세계 최대의 환상적인 지상낙원을 건설하겠다고 자기의 계획을 말하는 것이었다.

아트 링크레터에게는 디즈니의 계획이 너무 황당하게 들렸다. 그래서 디즈니의 꿈이 무모한 것이라고 충고했다.

그러나 디즈니는 확신을 갖고 땅을 사두라는 것이다.

“글쎄, 난 다음에나 생각해 보겠네.”

좋은 정보를 주어도 친구가 머뭇거리자 월트 디즈니는 안타까워하며 다음과 같이 말했다.

“쯧쯧, 이봐 아트! 지금 우리는 황금의 땅을 걷고 있는 거야. 다음에는 너무 늦어.”

그 후 월트 디즈니는 계획대로 공사에 착수했고, 온갖 고생 끝에 마침내 1955년 7월 디즈니랜드를 건설해 냈다. 디즈니의 말대로 그 주변의 땅들은 황금의 땅이 되었다.

친구가 준 정보를 믿지 않았던 아트 링크레

터는 씁쓸한 미소를 지으면서 크게 후회했다. 한 걸음 한 걸음에 백만 불짜리 땅을 보고도 외면했던 자신의 안목이 부끄러웠던 것이다.

기회는 누구에게나 오게 마련이며, 운이 좋게도 당신은 유용한 정보를 얻을 수도 있다. 그러나 정보를 올바르게 파악하고 앞을 내다보는 안목이 없으면 정보를 손에 쥐어 주어도 활용을 하지 못한다는 것도 알아야 한다.

일반적인 상식은 정보가 아니다

역사적인 변천과정은 일찍이 농업시대에서 산업사회로, 그리고 현대에 들어서 정보시대로 접어들었다. 따라서 정보를 잘 활용하는 사람은 남보다 앞서 성공하게 되고, 정보에 어두운 사람은 우물 안 개구리가 되고 말 것이다. 그러나 '정보와 상식은 다르다'라는 점을 먼저 인식해야만 한다. 정확하고 신속한 정보만이 제값을 할 뿐, 상식적인 판단은 절대 금물이다.

우리에게 너무나도 잘 알려진 아인슈타인

은 한때 수학과 과학에서 낙제를 했지만, 좌절하지 않고 더욱 분발하여 상대성 이론을 연구해서 위대한 과학자가 되었다. 그런데 실제로 아인슈타인은 낙제를 한 사실이 있는가? 그 근거는 도대체 어디에 있는가? 여기에 의문을 품는 사람은 그리 많지 않은 것 같다.

1984년 초, 미국의 한 학자가 도서관에서 몇 권의 책을 입수했다. 학자는 책을 통해 '아인슈타인은 낙제를 한 사실이 없다'라는 사실을 밝혔다.

사실이 그와 같다면 왜 아인슈타인은 낙제를 했다고 전해졌을까?

한 역사가에 의해 아인슈타인의 성적표에는 제일 높은 점수인 6등급을 받은 다음해에 가장 낮은 점수인 1등급으로 떨어졌다는 사실이 발견되었다. 따라서 1등급을 받은 해에 낙제를 했다고 생각했던 것이다.

그러나 실상은 달랐다. 아인슈타인이 다닌 고등학교에서 최고 등급을 6, 최하 등급을 1로

하던 것을, 다음 해부터 최고 등급을 1로 하고, 최하 등급을 6으로 순위를 매기는 방법으로 바꾼 것이었다. 즉 아인슈타인은 수학과 과학에서 낙제를 한 것이 아니라, 계속해서 최고 등급의 점수를 받았던 것이다.

상식이란 얼마나 믿을 것이 못 되는가? 상식과 정보를 혼동해서는 결코 성공하지 못한다. 특히 출처가 확인되지 않은 것이나 목적에 부합되지 않은 정보는 정보로서의 가치가 없다는 사실을 일깨워 주고 있다.

정보 수집은 요리사의 일과 같다

정보란 개인이나 조직체가 목적 지향적인 행동을 선택하는 데 도움이 되는 모든 것을 말한다. 좀 더 세분화하면 목적에 따라서 알기 위한 것을 지식, 생각하기 위한 것을 자료, 하기 위한 것을 정보라고 볼 수 있다.

그러나 좁은 의미에서 정보는 무언가를 하기 위하여 수집한다. 특히 비즈니스맨의 정보 수집은 새로운 것을 창출하기 위하여 그 발상의 기초가 되는 재료를 모으는 것이다.

정보 수집은 어쩌면 요리사의 일과 흡사하다. 요리사는 좋은 요리를 만들기 위하여 매일 아침 재료가 될 만한 것을 이것저것 골라 사서 온다. 그리고 사온 재료를 손님의 구미에 맞춰서 조리하여 보기 좋게 담아낸다.

이처럼 기업도 새로운 상품을 세상에 내놓기 전에 기획의 기초가 되는 정보를 미리 사들인다. 그리고 입수한 정보에 손질을 더하거나 다른 정보와 합쳐서 새로운 상품기획을 만들어 내고 있다. 즉 정보 활용에는 요리사처럼 첫째 입수, 둘째 매입, 셋째 가공, 넷째 창출이라는 지적생산知的生産의 공정이 따르는 것이다.

그런데 재미있는 것은 요리를 만들 때의 요령이다.

"요리를 맛있게 만드는 비결은 무엇입니까?"

요리사에게 물으면 십중팔구 다음과 같이

대답한다.

"재료가 70퍼센트이고, 솜씨가 30퍼센트입니다."

비즈니스맨의 정보 활용도 이와 같다. 상품의 질이 기획의 좋고 나쁨에 의해서 결정되듯이, 기획의 질은 수집한 정보의 좋고 나쁨에 의해서 결정된다는 사실이다.

아울러 가치 있는 정보의 요건도 알아둘 필요가 있다. 우선 정보는 정확해야 한다. 그리고 신속해야 하며, 충분한 양이 있어야 한다. 그리고 무엇보다 목적에 깊은 관련이 있어야 한다.

30

시간 관리에 신경을 써라

25,000달러짜리 시간 관리

카네기와 더불어 철강왕이라고 불리는 슈와프가 아직 작은 회사의 사장이었을 때의 일이다. 눈코 뜰 새 없이 바쁜 그에게 어느 날 경영 컨설턴트인 J. B. 리가 찾아왔다. 방문 목적은 '바빠지지 않는 노하우를 전수하고 싶다'라는 것이었다.

"정말로 그런 노하우가 있습니까?"

일이 꼬여서 정신없이 바쁜 슈와프 사장은 반가운 나머지 큰 기대를 갖고 물었다.

"먼저, 내일 해야 할 일 여섯 가지를 쓰십시

오. 다음에는 우선순위를 매기십시오. 그리고 그 순서대로 일을 진행시켜 나가면 됩니다."

슈와프에게 리는 간단한 처방인 것 같지만 실행을 해보고, 효과가 있으면 상담료를 치르라고 했다. 슈와프는 반신반의하면서 실천해보았다. 확실히 능률이 올랐다. 큰 업무들이 점차 정리되었을 뿐만 아니라 일에 여유까지 생겼다.

2개월 후, 리에게는 슈와프가 보낸 25,000달러짜리 수표가 도착했다.

우리 주위에는 일에 얽매여 허덕이는 사람들이 많다. 해도 해도 끝이 없는 것이 일이지만 열심히 일을 하는데도 도무지 진전이 없다. 사무실에는 하다가 그만둔 일이 산더미처럼 쌓여만 간다.

이런 사람일수록 '바쁘다, 바빠'를 연발하면서 못다 한 일거리를 집에까지 가져가 보지만, 마음만 바쁘지 일이 되질 않는다. 편히 쉬지도 못한 채 피로에 지친 몸으로, 일거리를 다시 사무실로 가져가 일 속에 파묻혀 허우적거리다 하루를 보낸다. 노력에 비해 성과가 없는 사람은 다른 무엇보다도 시간 관리 방법부터 익혀야 한다. 시간은 돈이고, 시간은 사업이며, 시간은 생명이라고도 하지 않던가?

효과적인 시간 관리 방법 두 가지

첫째, 시간 손실을 방지하기 위해 '자투리 시간'을 활용한다. 아무리 바쁜 사람이라도 스케줄과 스케줄 사이에는 반드시 10분이나 20분 정도의 빈 시간이 있을 것이다. 이것이 '자투리 시간'이다. 이 시간은 대부분 그냥 흘려보낸다.

이 자투리 시간을 유용하게 활용하면, 하루에 한 시간에서 두 시간 정도의 시간을 만들어 내는 일은 그리 어렵잖다. 예를 들어 하루에 한 시간의 시간 손실을 활용하면 1년에 365시간, 날짜로 계산하면 15.2일, 하루에 두 시간의 시간 결손을 활용한다면 한 달 정도를 만들어 사용할 수가 있게 된다.

둘째, 일의 성격에 따라서 시간 사용 방법을 달리한다.

일에는 일상적인 것이 있는가 하면, 집중을 요하는 것도 있다. 집중을 요하는 문제를 해결하려고 할 때는 '일시일사一時一事의 법칙'이 효과적이다. 한 번에 한 가지 일을 집중적으로 처리하고, 다른 일은 모두 배제해야 한다. 사과가 떨어지는 것을 보고 뉴턴이 만유인력의 법칙을 발견한 것도 한 가지 연구에만 몰두했기 때문이다. 또한, 아르키메데스가 욕탕에서 물이 넘치는 것을 보고 부력浮力을 직감한 것도 마찬가지다. 힘이란 집중하기 나름이다. 아무리 큰 문제라도 침식寢食을 잊을 정도로 집중하여 일하다 보면, 효율이 높은 결과가 나오게 된다. 일상적이거나 작은 문제는 '일시복사一時複事의 법칙'이 효과적이다.

세상에는 아주 철저하게 집중해야 하는 일이란 그다지 많지 않다. 집중이 필요하지 않는 일은 한꺼번에 여러 가지 일을 진행시킬 수가 있다. 예컨대 아침 식사를 하면서 조간신문을 본다거나 화장실에서 양치질을 하면서 볼일을 보는 경우이다. 또 출근할 때 운전을 하면서 전기면도기를 사용하는 바쁜 샐러리맨도 있다.

한 회사의 박 과장은 시내에 살다가 외곽지대의 아파트로 이사를 하게 되었다. 출퇴근 시간만 왕복 네 시간 이상이 걸려 처음에는 여간 고통스럽지가 않았다. 그러던 중 짜증만 낼 것이 아니라 이 긴 시간을 어떻게 하면 효과적으로 사용할 수 있을까를 궁리했다.

그러다가 영어회화 공부를 하기로 작정했다. 출퇴근하는 길에 열심히 공부하기를 2년 반, 지금은 회사에서도 알아주는 실력파가 되었다. 출퇴근 시간에 운전과 영어회화라는 공부를 한꺼번에, 게다가 하루 네 시간 이상의 '시간 손실'을 멋지게 이용했다.

하루 생활을 점검하여 시간손실을 발견하고, 일시복사의 법칙을 활용하면 누구나 풍요로운 시간을 만들 수 있다.

잠자는 시간을 조절하는 한 주간의 리듬술

에디슨은 수십 년 동안 매일 3~4시간밖에 자지 않고 일에 몰두했다. 나폴레옹은 짧게 자는 것으로도 유명하다. 그러나 보통 사람은 이런 흉내를 내지 않는 것이 좋다. 에디슨은 나무꾼처럼 건강한 체력의 소유자였고, 나폴레옹의 잠자는 시간은 짧았지만 짬짬이 낮잠을 자두었기 때문이다.

그래서 무리하지 않고도 잠자는 시간을 줄이면서 자신의 시간을 만들어 쓰는 '한 주간의 리듬술'을 소개한다.

한 주의 시작인 월요일은 일도 휴식도 적당히 한다. 잠도 8시간 동안 푹 잔다. 월요일에 무리하면 지쳐서, 체력이 한 주를 지탱하기가 어려워진다.

일주일의 한가운데인 화, 수, 목요일은 표준 수면으로 6시간을 잔다. 자신에게 맞는 이내의 범위에서 시간을 활용하고 휴식을 취한다. 평상시대로 하면 된다.

주말인 금, 토요일은 일이건 공부건 휴식이

건 하고 싶은 대로 실컷 한다. 잠자는 시간은 4시간으로 줄인다. 휴일을 앞두고 있으므로 이 정도는 무리가 아니다. 그리고 일요일은 다시 8시간 동안 잠을 자서, 기력과 체력을 회복시킨다.

여기에서 소개하는 이상적인 수면시간은 8시간, 표준 수면 시간은 6시간, 최저수면 시간은 4시간이다, 그러나 사람에 따라서 개인차가 있으므로 자신에게 맞게 바꾸어도 상관없다.

이 방법의 효과는 다음과 같다.

· 첫째, '8—6—4 수면'으로 리듬을 타서 손쉽게 일주일을 극복할 수가 있다.

· 둘째, 생활의 리듬이 안정된다. 획일적이 아니고, 유연하게 활동할 수가 있다.

· 셋째, 자신의 몸 상태에 맞추어 일이나 공부나 휴식의 균형감을 취할 수가 있다.

· 넷째, 주말의 4시간 잠으로 오랜 시간을 집중적으로 일할 수가 있다. 일뿐 아니라 취

미생활, 스포츠 또는 자기 계발에 자유롭게 사용할 수가 있다.

· 다섯째, 이 방법이라면 절대로 '월요병'에 걸리지 않는다. 일요일에 신선하고 단정한 기분으로 다음 주일을 맞을 수가 있다.

비즈니스맨에게 가장 중요한 리듬은 일주일간의 신축성 있는 리듬이다. 처음 일주일간의 일이 잘되어 가면, 나머지는 그 영향으로 모든 일이 유연하게 진행된다.

끝으로 한 가지를 더 소개한다면 시청각 기계를 잘 활용하자. 카세트나 라디오, 텔레비전, VCR, 컴퓨터 등을 생활 속에서 자주 이용하면 시간을 효과적으로 사용할 수가 있다.

필자가 젊었던 시절에는 저명한 석학들의 강연을 녹음해서 자주 들었다. 책으로 보는 것과는 다른 강한 자극을 받는다. 최근에는 내 강의 테이프를 제작하여 다른 사람들이 듣는 입장에 있다. 또한, 텔레비전이나 비디오에서 참고가 될 만한 것을 모은다. 세계 각국의 좋은 시청각 자료를 값싸게 집 안에서 편히 볼 수가 있다.

시간 관리를 잘하는 사람들은 '있는 시간'만을 사용하지 않고 '만든 시간'을 사용하고 있다. 앞으로 시간 관리를 어떻게 해 왔으며, 어떻게 시간을 만들어 쓰려고 하는지 따져 봐야 할 문제이다.

31

성공한 사람은 일하는 자세가 다르다

'나는 반드시 성공한다'라는 확신

세계 최대의 석유회사 엑슨은 300개가 넘는 자회사가 있고, 100개국 이상의 나라에 판매망이 있는 기업이다.

이 정도로 거대한 기업이라면 회장은 반드시 명문가 출신이 아니면 될 수 없다는 것이 상식이다. 그러나 1975년 엑슨의 최고경영자 자리에 앉은 사람은 상식 밖의 일이었다. 엑슨의 새로운 CEO는 당시 나이 53세의 크립톤 가빈으로 1942년에 입사하여 33년 만에 회장으로 취임하게 된 것이다.

그의 취임에 업계와 매스컴은 '빛나는 별' '눈부신 인재'라고 찬사를 보냈다. 전세계에 흩어져 있는 십 수만 명의 존재 속에서 두각을 나타내어 신화의 주인공이 된 크립톤 가빈이었지만, 처음부터 주목받는 탁월한 능력을 갖춘 것은 아니었다.

청년 시절에는 가능성만 믿고 사업을 하다가 실패하기도 했다. 그리고 엑슨에 입사해 미국 각지의 공장을 전전하는, 남다른 능력을 발견할 수 없는 평범한 사원이었다.

그러나 그에게는 '나는 반드시 성공한다'라는 확신과 맡은 일을 반드시 완수하는 책임감이 있었다. 또 부임하는 곳이 어디든 불평하지 않고 주어진 일에 최선을 다했다. 시간이 지나면서 점차 성실성과 능력이 알려지면서, 사람들로부터 인정을 받았고 마침내 최고의 자리인 회장에까지 오르게 되었다.

만약 그가 좌천이라고 생각할 정도로 새로운 부임지에 대해서 좌절감을 갖고 불평불만을 털어놓거나 자신의 재능에 의문을 가졌다면, 그리고 맡은 일을 아무렇게나 했다면, 결코 회장 자리에 오르지는 못했을 것이다.

동서고금을 통하여 일하는 자세가 나쁜 사람치고 성공한 사람은 없다. 성공한 사람들의 일 하는 자세를 보면 남다른 성실성과 탁월한 능력을 발휘했다는 공통점이 있다. 여기서 중요한 것은 능력을 어떻게 발휘했느냐이다. 왜냐하면, 성실하다고 해서 다 성공하는 것은 아니기 때문이다.

고객을 만족시키면 반드시 성공한다

인간은 누구나 성공할 수 있는 무한한 가능성을 지니고 태어난다. 그러나 성공을 하느냐 못하느냐는 그 가능성을 어떤 방향으로 사용하느냐에 따라서 크게 좌우된다.

세계에서 1, 2위를 다투는 식품회사 스위프트의 창업자는 G. F. 스위프트이다. 그는 16세가 되었을 때, 부친으로부터 받은 돈 20달러로 정육점을 차렸다.

'어떻게 하면 고객들이 기뻐할까?'

궁리 끝에 고객들이 원하는 만큼 고기를 잘라서 파는 방법을 생각해냈다. 그의 생각은 주부들에게 환영을 받았고, 스위프트의 점포는 날로 번성했다.

'그럼 다음에는 무엇으로 고객을 만족시킬까? 맛있는 고기를 구입해서 팔면 고객들이 좀 더 기뻐하겠지.'

당시 미국에서 시카고산 쇠고기를 최고로 알아주었는데 스위프트의 점포가 있는 동부 뉴잉글랜드까지 소를 산 채로 운반하는 데는 막대한 비용이 들었다. 그렇다고 소를 잡아서 가져오자니 운반도중 부패해 버렸다. 그래서 생각해 낸 것이 기차의 화물칸에 냉동장치를 설치해 운반한다는 것이다.

오늘날에는 냉동식품이 대중화되었지만, 백년 전에 이 같은 방법으로 운반하기 위해서는 많은 연구와 노력이 필요했다. 하지만, 스위프트는 그 일을 훌륭하게 해내어 고객을 만족시켰고, 큰 성장을 할 수 있었다. 스위프트의 성공비결은 한마디로 고객제일주의의 서비스 정신에 있었다.

고객을 만족시키는 독창적인 제품을 만들어서 성공한 인물 가운데는 샤넬을 빼놓을 수 없다. 프랑스의 세계적인 디자이너 샤넬은 종래의 향수가 마음에 들지 않았다.

그때까지 시중에서 판매되고 있는 향수는 한 종류 또는 몇 종류의 꽃에서 향료를 추출해서 혼합시킨 것인데, 시간이 지남에 따라 향기가 변할 뿐 아니라, 어떤 꽃의 향료인지 금방 알 수 있는 것들뿐이었다.

'향기가 변하지 않는 향수, 어떤 향료를 쓰고 있는지 분간할 수 없는 향수, 그러면서도 여성의 마음을 사로잡을 만한 매혹적인 향수를 만들어 보자.'

이렇게 결심한 샤넬은 향수 전문가인 에르네스트 포오에게 작업을 의뢰했다.

포오와 샤넬은 실험실 속에서 신비로운 액체를 만들기 위한 고투를 시작하였다. 연구와 실험을 거듭한 끝에 탄생시킨 새로운 향수는 천연의 재스민, 장미, 제비꽃 등의 향료에 사향 앰버와 같은 동물성 향료를 섞고, 알데하이드(합성향료)를 사용하여 향을 강화시켰는데, 자그마치 80종류나 되는 원료가 혼합되었다.

새로운 향수는 새로운 병에 넣어야 한다는 생각으로 단순한 크리스털로 만든 각진 병에 담았다. 샤넬의 의도는 크리스털 용기 속에 매혹적으로 담겨 있는 황금색 액체가 사람들의 감각에 자극적으로 보이도록 하자는 것이었다.

상표 디자인도 단순하게 했다. 흑백의 단순한 대조가 용기와 잘 어울리는 것이 인상적이었다. 용기와 상표 못지않게 신선한 감각으로 사람들의 마음에 호감을 샀던 것은 '샤넬'과 '5'를 조합시킨 상품명이었다. 5라는 기호는 사람들에게 마력을 발휘하는 데 적중했다. '샤넬 No.5'는 발매와 동시에 최고 향수가 되었다.

투철한 직업관이 성공을 만든다

당대 세계 제일의 철강 회사를 만든 카네기는 회사 설립 당시부터 오랫동안 함께 일해 온 늙은 해머공을 자신의 집무실로 불렀다.

"당신은 오랫동안 나와 같이 고생을 해 왔소. 덕분에 우리 회사는 이렇게 커질 수가 있었소. 이것은 내 마음의 선물이오."

이렇게 말하며 늙은 해머공에게 사장이 넘겨준 것은 뜻밖에도 중역으로 임명하는 발령장이었다. 그러나 기뻐해야 할 늙은 해머공은 시큰둥한 표정으로 발령장을 되돌려 주었다.

"왜 받지 않는지, 그 이유를 말해 주시오."

카네기 사장의 질문에 해머공은 "나는 이제 늙었고 또 변변치 않은 해머공입니다. 내가 해머로 쇠를 두드릴 때면 쨍 하는 소리가 나는데, 그 소리는 내 생명의 소리입니다. 그렇기 때문에 내가 이 나이가 되도록 진력내지 않고 해머질을 해올 수 있었던 것입니다. 새빨갛게 달구어진 쇳덩어리를 두드리면 불꽃이 튀는데, 그건 내 생명의 불꽃이 튀는 것입니다.

오늘 사장님께서 내게 발령장을 줄 때는 나를 위해서 사무실에 푹신한 의자도 마련했을 것 아니오? 그러나 내가 중역이 된다면 내 생명의 소리와 불꽃을 튀기면서 쇳덩어리를 만들어 온 나의 해머는 과연 어디로 가야 합니까? 사장님 같으신 분은 내 심정을 충분히 헤아릴 것입니다."

카네기 사장은 자신의 생각이 짧았던 것을 사과하고 발령장 대신에 수표장手票帳을 주었는데, 그 액수가 자그마치 당시 미국 대통령의 연봉과 맞먹는 금액이었다. 그것도 사양을 하자 카네기 사장은 이렇게 말했다.

"정치계의 최고인 대통령과 강철계의 최고 기술자가 같은 대우를 받는 것은 당연하지 않소?"

32
약속을 잘 지켜라

50년 만에 지켜진 약속

한국전쟁 이후 50년 만에 이루어진 이산가족 상봉은 온 겨레의 눈시울을 뜨겁게 했다.

그중에서도 이색적인 만남이 있어 화제가 되었다.

2000년 8월 16일 오후 세 시, 잠실 롯데월드 민속관 입구에서 지팡이를 짚은 한 노인이 북한 방문단의 일원인 김일성대학교 류열 명예교수 앞을 가로막으면서 말했다.

"나 통문관 주인이오. 기억 안 나오?"

“아아…… 이게 얼마 만입니까?”
쉽게 말을 잇지 못하는 류 교수에게 노인은 노란 표지의 책 두 권을 내밀었다.
“뭐지요?”
“해방 즈음해서 당신이 쓴 〈농가월령가農家月令歌 해석서〉 있지요? 그게 이 책에 들어 있습니다.”
“아아…… 아니, 그 책이 아직…….”
류 교수는 책을 들춰 보며 그저 감격한 표정만 지을 뿐이었다.
꽉 짜진 일정으로 갈 길이 바쁜 류 교수를 세워 놓고 노인은 상의 안주머니에서 흰 봉투를 꺼내어 내밀었다.
“가족들을 그렇게 찾아도 없더니만……. 원 고료요.”
두 사람은 감격과 아쉬움이 뒤범벅된 눈짓을 나누며 헤어질 수밖에 없었다.

이 이야기의 주인공은 한국 고서점의 산 증인인 홍문관 사장 이겸노 옹이다.

텔레비전에서 이산가족 만남을 시청하던 이 옹은 류열이란 이름을 확인하고 깜짝 놀랐다. 해방 후 30대의 교우였던 당시 국어 학자를 50년 만에 보게 된 것이다. 이 옹은 흥분으로 밤을 지새우고, 날이 밝자마자 인세 50만 원과 그가 발행한 책 《농가월령가》를 들고 옛 친구를 찾아가 전달했던 것이다.

약속은 신용이다

'경영의 신'이라고 불렸던 마쓰시타 고노스케는 일본을 대표하는 기업가이다.

마쓰시타는 원래 몸이 약했는데, 말년에는 조금만 추워도 감기에 걸려 미열 상태로 괴로워했다. 그렇지만 손님과의 약속은 어김없이 한 시간 전부터 약속 장소에 가서 준비를 했다.

"괜찮으십니까? 오늘은 사정 얘기를 하고, 돌아가 쉬시는 게 어떠세요?"

괴로워하는 모습을 보다 못한 비서의 말에 마쓰시타는 다음과 같이 대답했다.

"그건 예의가 아닐세. 그리고 지금 연락을 취한다고 해도 벌써 나섰을 텐데……."

그러는 사이에 손님이 당도했다는 전갈이 오자, 그는 자세가 확 변했다.

"내가 맞이하러 가야지."

벌떡 일어나 나가는 모습은 조금 전까지 열이 올라 괴로워하던 사람이라고는 도저히 믿어지지 않을 만큼 활기찼다.

손님과 이야기를 나누고는 "그럼 정원이라도 걸으실까요?"하고 정원으로 나가 안내하기 시작했다. 그러고는 다시 돌아와 차를 마시면서 담소를 나누었다. 그렇게 한 시간 반 정도에 걸쳐 손님을 접대했다.

그 사이에 마쓰시타는 싱글벙글하며 기분도 좋아진 것 같았다. 이윽고 손님이 돌아가려 하자 마쓰시타는 여느 때처럼 문밖까지 나가 전송을 하였다.

이윽고 손님의 뒷모습이 시야에서 사라진 순간, 마치 공기가 빠져 버린 공처럼 푹 주저

앉으며 "너무 피곤하군. 나 돌아가야겠네"라고 말했다.

나중에 그는 비서진에게 이렇게 말했다.

"손님과 약속을 한 이상, 그 손님이 정말로 만족할 수 있도록 최선을 다해야지. 내가 병이 난 것은 상대방과는 아무런 관계도 없지 않은가?"

대인관계나 비즈니스에서 성공하려면 무엇보다도 약속을 잘 지켜야 한다. 약속은 곧 신용이기 때문이다. 신용 없는 인간은 결코 성공하지 못한다.

약속은 인품의 척도

톨스토이가 여행하던 중 어느 시골집 앞을 지나게 되었다.

그때 일곱 살쯤 된 소녀가 톨스토이를 바라보면서, 어머니에게 떼를 쓰기 시작했다. 이유인즉 톨스토이가 허리에 차고 있던 백합꽃 무늬의 가방을 갖고 싶었기 때문이다.

민망해하는 어머니와 철없이 떼를 쓰는 소

녀 앞을 지나치던 톨스토이가 되돌아와 물었다.

"이 가방을 그렇게 갖고 싶니?"

소녀는 울음을 그치며 고개를 끄덕였다.

"그럼 사흘만 기다려 줄 수 있겠니? 내가 급한 볼일을 보고 사흘 후에 이 가방을 네게 꼭 갖다줄게."

노신사의 친절에 어머니는 감사드렸고, 소녀는 가방을 가질 수 있다는 기대감에 부풀어 있었다.

이 가방은 톨스토이가 선조로부터 물려받은 귀중한 유산이었지만, 소녀와의 약속을 지키기 위해 사흘 후 가방을 가지고 소녀의 집으로 찾아갔다. 그러나 소녀는 불치의 병에 걸려 있었고, 톨스토이와 만나기로 약속한 전날 밤에 병이 악화하여 죽고 말았다. 톨스토이는 그 어머니에게 소녀의 무덤으로 안내해 달라고 했다. 그리고 무덤 위에 가방을 놓고 기도를 올렸다. 그것을 본 어머니는 눈시울을 적시며 말했다.

"선생님. 약속을 지켜 주신 것은 고맙지만 제 딸은 이미 죽었으니, 그 가방은 도로 가져가십시오."

"부인, 비록 따님은 죽었지만 저와의 약속은 죽지 않았습니다. 그리고 그 약속은 따님과의 약속일뿐만 아니라, 저 자신과의 약속이기도 하기 때문에 이 가방을 놓고 가겠습니다."

우리가 살고 있는 사회에서 약속만큼 중요한 것은 없다. 아무리 어린 소녀와 하찮은 약속을 했더라도, 약속을 지키는 것은 말한 사람의 인품과 신뢰감으로 연결되는 것이다. 그리고 약속 중에서도 가장 중요한 것은 자신과의 약속이다.

인생은 약속의 파노라마이다

인생은 약속으로 시작해서 약속으로 끝나는 것이라고 해도 과언이 아니다. 우리는 약속의 홍수 속에서 살아가고 있다.

약속은 아주 쉽고 간단한 것이 있는가 하면,

지키기 너무 어려워 고통을 수반하는 것도 있다. 약속의 대부분은 타인과의 약속이지만, 자기 자신과의 약속도 있다. 타인과의 약속이든 자기 자신과의 약속이든 약속은 이행이 중요하다.

일본의 빌 게이츠로 떠오른 백만장자 손정의 씨는 재일교포 3세이다. 손정의 사장은 약관 24세에 1천만 엔의 자본으로 '소프트 산업'이라는 회사를 설립했다.

손정의 씨는 창업 당일 직원 두 명을 앞에 세워 놓고 사과 궤짝 위에 올라서서 "우리 회사는 앞으로 5년 내에 100억 엔의 매출을 올릴 것이며, 10년 안에 500억 엔의 매출을 올리는 회사가 될 것입니다. 그리고 장차 1조 엔의 매출을 올리는 대기업으로 발전시킬 것을 여러분 앞에 맹세합니다."

신념에 찬 사장의 말을 듣고 두 직원은 도저히 이룰 수 없는 황당무계한 약속이라고 생각하고는 얼마 지나지 않아 회사를 그만두었다.

그래도 청년 사장 손정의는 실망하지 않고 열심히 뛰고 또 뛰었다.

소프트 산업에 대한 그의 열정과 자신감 넘친 화술로 그는 회사를 열심히 키워 나갔다. 창업한 지 불과 4년 만에 100억 엔의 매출을 올렸으며, 10년 만에 약속의 열 배인 5,000억 엔의 매출을 올리는 회사로 성장시켰다. 지금은 직원 수만도 6,000여 명, 또 미국의 손꼽힌 기업 일곱 개를 인수함으로써 세계적인 기업으로 발전시켰다.

손정의 사장은 처음 두 명의 직원 앞에서 했던 약속을 지킨 것이다.

약속은 하는 것보다 지키는 데 가치가 있다. 약속은 부채와도 같은 것으로서, 말로 정하지만 행동으로 상환하는 것이다. 못 지킬 약속이라면 하지를 말아야 한다. 약속에 인색한 사람은 비난을 받을지는 몰라도 결코 신용을 잃지는 않는다.

성공한 사람에게는 성공할 만한 이유가 있

고, 실패한 사람에게는 실패할 만한 이유가 있다.

한번뿐인 우리 인생을 보다 성공적이고 더욱 멋진 삶으로 만들기 위해서는, 약속을 성실하게 이행하는 사람이 되어야겠다.

33
융통성을 발휘하라

지나친 솔직함은 거짓과 통한다

카르타고의 명장 한니발은 눈이 하나밖에 없는 애꾸였다. 한니발은 화가를 불러서 자신의 초상화를 그리라고 했다. 정직한 화가는 한쪽 눈이 감긴 애꾸 모습을 사실 그대로 그렸다.

그러자 완성된 초상화를 본 한니발은 화가 나서 소리쳤다.

"네 이놈! 왜 이렇게 보기 싫은 모습으로 그렸느냐?"

장군은 화가의 목을 치라고 명령했다. 정직

한 화가는 사실대로 그린 죄로 목숨을 잃었다.

다시 다른 화가가 한니발의 초상화를 그리게 되었다.

애꾸눈을 그렸다가 참변을 당한 사실을 안 이 화가는 두 눈이 멀쩡한 모습의 초상화를 그렸다. 좋아할 줄 알았던 장군은 다시 화를 벌컥 냈다.

"내 눈이 어째서 둘이냐? 하나밖에 없는 눈이 네 눈에는 둘로 보인단 말이냐? 이건 내가 아니고 딴사람이다. 괘씸한 놈!"

이 화가도 역시 참수를 당하고 말았다.

그러나 세 번째로 초상화를 그린 화가는 생명을 부지했을 뿐만 아니라 큰 상까지 받았다. 세 번째 화가는 성한 눈만 보이는 한니발의 옆모습을 그렸던 것이다.

세상에서 가장 고귀한 사람은 정직한 사람일 것이다. 그렇지만, 정직하다고 해서 자기가 본 그대로를 진리라고 생각해서는 안 된다.

똑같은 사물, 똑같은 상황이라도 어떤 시각에서, 어떤 관점으로 보느냐에 따라서 세상만사는 달라지는 법이다.

벽창호 같은 인간

우리는 흔히 앞뒤가 꽉 막힌 사람을 '벽창호'라고 부른다. 이 벽창호들은 크게 두 가지 유형으로 나누어진다.

하나는 자기가 잘 알지 못하거나 주변상황을 잘 파악하지 못하는 사람이고, 또 하나는 내용을 잘 알고 있으며 주변상황을 제대로 파악하면서도 자기의 고집과 오기 때문에 벽창호 노릇을 하는 사람이다.

신앙심이 아주 두터운 기독교인이 한 사람 있었다. 언젠가 이 사람이 사는 마을에 폭풍우가 쏟아져 온 마을이 침수될 지경이었다. 그러자 마을 사람들은 대피를 하였고, 재해대책반에서는 방송을 하기에 이르렀다.

"집들이 곧 물에 잠깁니다. 빨리들 피하십

시오!"

그러나 이 신자는 하느님이 자기를 보호해 주실 것을 믿고, 집들이 물에 잠기자 지붕 꼭대기에 올라가 열심히 기도를 올렸다. 그때 헬리콥터에서 줄이 내려왔다. 그래도 신자는 그 줄을 거들떠보지도 않고 기도만을 올리다가 끝내는 물에 빠져 죽었다.

신자가 죽어서 하느님을 만났다.

"하느님! 제가 그렇게도 애타게 하느님을 불렀는데, 못 들으셨습니까?"

"왜 못 들어? 그래서 네가 위험에 처한 걸 알고, 피하라고 방송도 해줬으며, 헬리콥터도 보내 주지 않았느냐? 그런데도 넌 미련하게 고집만 부리다가 죽은 게 아니냐?"

이 기독교 신자처럼 앞뒤가 꽉 막힌 어리석은 사람이 우리 주변에는 많은 것 같다. 직장에서 흔히 볼 수 있는 벽창호 같은 사람의 유형에 다음 세 가지가 있다.

· 첫째, 공개석상에서 상사가 업무지시를

할 때, 상사의 지시가 부당하다고 정면으로 이의를 제기하며 불복하는 사람이다.

· 둘째, 상사로부터 받은 업무지시가 현실 상황에 맞지 않는데도 시킨 것만을 준비해 가서 보고하는 사람이다.

· 셋째, 직장에 긴박한 상황이 벌어져 눈코 뜰 사이가 없는데도 버젓이 휴가를 신청하는 사람이다.

벽창호 소리를 듣지 않는 처방

당신은 위 세 가지 타입의 벽창호는 아니기를 빈다. 그러나 만에 하나라도 그런 기미가 있다면, 즉 벽창호 소리를 듣지 않으려면 이렇게 해야 한다.

· 첫 번째 경우, 그 자리에서는 일단 지시를 받아들이고, 그다음에 상사를 찾아가 상황을 설명하며 조금 전의 지시가 무리임을 일깨워야 한다.

· 두 번째 경우, 상사가 지시한 내용을 검토

하고, 상사가 예상하지 못했던 부분까지 보완해서 완전무결한 보고를 해야만 한다. 만약 자신의 능력으로 부족하다면 동료나 전문가의 의견을 받아서라도 맡은 일을 완수해야 할 것이다.

· 세 번째 경우, 휴가는 당연한 권리이지만 잠시 보류하고, 회사의 긴박한 상황을 해결한 뒤에 휴가를 가야만 한다. 또한, 회사의 일을 마무리 짓지 못하고 중도에서 꼭 가야만 할 경우라면, 그 사유를 상사나 동료에게 충분히 설명하여 양해를 구해야 한다.

회사나 사회생활은 결코 혼자서 하는 것이 아니다. 더구나 세상의 복잡다단한 일들은 흑백논리로는 해결할 수 없는 것들이 많다. 따라서 당신이 진정으로 성공한 사람이 되고 싶다면 융통성을 발휘할 줄 알아야 한다.

그러나 어디까지나 정당하게 목적을 달성할 수 있는 융통성이어야 하지, 기회주의적인 발상에서 나온 부당한 융통성이어서는 안 된다.

석가모니도 목적 달성을 위해서는 때로 편법을 쓴다고 했으며, 개미가 먹이를 물고 줄지어 가다가도 앞에 장애물이 있을 때는 돌아서 간다. 하물며 앞뒤 가리지 않고, 미련스럽게 고집만 부리다가 낭패를 겪는 벽창호 소리를 들어서야 하겠는가?

지혜로운 사람은 융통성이 있다

상트페테르부르크는 발트 해의 핀란드 만으로부터 흘러드는 네바 강가 삼각주에 건설된 도시이다. 18세기 초 상트페테르부르크에 도시 설계가 시작되었을 때만 하더라도, 빙하와 함께 묻혀 들어온 여러 개의 커다란 바위들이 있었다.

특히 큰길 가에 놓여 있는 거대한 화강암은 도시 미관을 해치는 커다란 장애물이었다. 제정 러시아 황실은 이 보기 싫은 바위들을 제거하기로 결정하고, 용역업자들에게 바위 제거에 드는 비용이 얼마나 되는지를 자문해 보았다. 용역업자들은 전문지식을 동원하여 치밀하게 계산하더니 엄청난 비용이 든다고 했다.

당시에는 바위를 제거하는 데 필요한 장비, 즉 암석을 깨거나 뚫을 수 있는 특수 기계가 없었고, 성능이 좋은 폭약도 없었기 때문이다.

그런데 한 평범한 농부가 나타나 다른 용역업자가 제안한 비용보다 훨씬 적은 액수로 암석을 치워 버리겠다고 제안하는 것이 아닌가? 황실로서는 크게 손해 볼 것도 없었기에, 밑져야 본전이라는 생각으로 그 농부에게 일을 맡겼다.

그러자 그 농부는 삽과 통나무를 가진 농부들을 규합하여, 바위 옆에 깊은 구멍을 파기 시작했다. 구멍 파는 작업을 하는 동안에는 바위가 구멍에 빠지지 않도록 버팀목으로 지탱시켰다. 구멍이 충분히 깊게 파지자, 버팀목을 제거하여 바위가 자연스럽게 구멍으로 들어가게 했다. 그리고 그 위에 흙을 덮어 버렸다.

방법에는 여러 가지가 있다. 한 가지 방법만 옳다고 고집하지 말자. 유연한 발상, 상황에 맞는 임기응변이야말로 세상을 지혜롭게 살아가며 인생을 성공으로 이끄는 사람들이 갖추어야 할 무기일 것이다.

34

친절은 인간관계의 열쇠이다

1억 5천만 달러를 받은 사나이

빈 트럭을 끌고 미국 네바다 주의 사막 한복판을 운전하던 한 젊은이가 허름한 차림의 노인을 발견하고 차를 세웠다.

"어디까지 가시는지요, 타시죠!"

"고맙소, 젊은이! 라스베이거스까지 태워다 줄 수 있겠소?"

두 사람은 세상 돌아가는 이야기를 주고받으면서 노인의 목적지에 다다랐다. 부랑자 노인이라고 생각한 젊은이는 헤어지면서 25센트짜리 동전 하나를 노인에게 주면서 말했다.

"영감님, 차비에 보태세요."

"참 친절한 젊은이구먼. 명함 한 장 주게나."

젊은이는 무심코 명함을 건네주었다.

"멜빈 다마! 이 신세는 꼭 갚겠네. 나는 하워드 휴즈라고 하네."

하워드 휴즈라는 이름을 들어보지 못한 젊은이가 이 일을 까마득히 잊어버렸을 무렵, 그에게 기상천외한 일이 벌어졌다.

'세계적인 부호, 하워드 휴즈 사망'

이런 기사와 함께 유언장이 공개되었는데 '하워드 휴즈 유산의 16분의 1이 멜빈 다마에게 증여'된 것이다. 당시 하워드 휴즈의 유산 총액이 25억 달러 정도였으니까 최소 1억 5천만 달러, 우리 돈으로 약 2천억 원가량이 무심코 베푼 25센트가 6억 배가 되어 되돌아온 셈이었다.

옛말에도 '되로 주고 말로 받는다'라고 했다. 남에게 인정을 베풀면 반드시 내게 돌아온다.

물론 친절은 비즈니스가 아니다. 그러나 남을 위해 베푸는 마음, 남의 기분을 살피는 언행이야말로 인간이 사회생활을 하는데 가장 중요한 기본이 될 수 있다. 그럼에도 친절한 사람이 적은 이유는, 친절이 머릿속에만 머무는 것이 아니라, 참으로 실천하는 데서 꽃피기 때문이다.

진정한 사랑이 담긴 말과 행동이 사운을 결정한다

1945년 8월, 일본은 제2차 세계대전에서 항복을 했다. 폐허가 된 도쿄 한복판에 서 있던 이치무라 사장은 "일본의 재건은 누가 뭐라 해도 이곳에서부터 시작될 것이다!"라고 외쳤다. 그리고 가장 목이 좋은 노른자위 땅의 주인을 찾아 나섰다.

땅 주인은 '사노야'라는 사람이었는데, 불공을 드리듯이 여러 번 교섭에 나섰지만 미망인 노파가 실권을 쥐고 있어서 좀처럼 승낙을 얻지 못했다.

다음해인 1946년 어느 겨울날, 두 자쯤 수북이 쌓인 눈길을 걸어서 이 노파가 이치무라 사장이 있는 회사로 찾아왔다.

"사장님 계신가요?"

이때 창구에서 일하던 여사원이 얼굴 가득히 웃음을 머금고 따뜻한 말로 마중을 했다.

"어서 오십시오, 할머니! 이 눈길을 오시느라 고생하셨겠어요. 밖은 대단히 춥지요? 사장실은 3층이니 올라가시지요."

할머니는 흙투성이 나막신을 벗고 홑버선 발로 콘크리트 바닥에 내려섰다.

"할머니, 발이 시리시겠어요. 괜찮으시다면 제 슬리퍼라도 신으세요."

여사원은 자기가 신고 있던 슬리퍼를 벗어서 할머니 발에 신겨 드렸다. 그러고는 얼음처럼 찬 시멘트 바닥을 맨발로 걸으면서도 조금도 미소를 잃지 않았다.

여사원의 부축을 받으며 사장실에 들어선 할머니를 보자 이치무라는 깜짝 놀라면서 말했다.

"아니, 할머니! 미리 기별을 하셨으면 제가 찾아뵈었을 텐데요. 이리 앉으십시오."

"여러 번 생각해 봤습니다만, 그 땅은 조상 대대로 전해 내려온 유산입니다. 그것을 제 대에 와서 남에게 넘긴다면 조상님들을 대할 면목이 없어집니다. 그리 생각한 끝에 분명히 거절하려고 찾아왔습니다."

오랫동안의 노력이 수포로 돌아가 버리자, 이치무라는 고개를 떨어뜨리며 맥 빠진 소리로 물었다.

"값을 후하게 쳐 드려도 안 되겠습니까?"

"예. 그런데 지금 이 순간에 제 마음이 바뀌었습니다."

"마음이 바뀌다니요? 어떻게요?"

"그 땅을 넘겨 드리지요."

"아니, 정말입니까? 감사합니다. 그런데 왜 하필 지금에야 마음을 바꾸셨습니까?"

노파는 오는 도중에 대단히 고생을 했다면

서, 마음을 바꾸게 된 동기를 이렇게 말했다.

“사실 몇 번이나 되돌아가려고 했는지 모릅니다. 그런데 회사에 들어서자 창구에 앉아 있는 아가씨가 여간 친절하지 않더군요. 밝은 웃음과 부드러운 말씨로 이 늙은이를 따뜻이 맞아 주었고, 내가 나막신을 벗으니까 자기가 신고 있던 슬리퍼를 벗어서 얼른 내게 신겨 주더군요. 그러고는 얼음장같이 찬 바닥을 맨발로 걸으면서도 싫은 기색 한번 보이지 않았어요.

어디 그뿐이겠어요? 3층까지 자기 어머니를 부축하듯이 나를 안내해 주던 걸요. 모두가 자기밖에 모르는 황폐한 요즘, 아직도 그렇게 고운 마음씨를 가진 아가씨가 있으리라고는 생각도 못했어요.

그렇게 착한 직원을 둔 사장님이라면 틀림없이 훌륭한 분이시겠지요? 그런 분에게 양보한다면 조상님들도 분명 기뻐해 주시리라 생각됩니다. 그 땅, 무조건 양도하겠습니다.”

사람의 마음을 움직이는 것은 사랑의 마음

이다. 이 사랑의 마음을 말로, 행동으로 표현하는 것이 바로 '친절'인 것이다.

작은 친절이 나라를 구했다

미국 스탠퍼드 대학에서 공부를 하고 있던 두 남학생이 있었다. 이들은 밤낮으로 열심히 아르바이트를 했지만, 아르바이트만으로는 도저히 학자금을 해결할 수가 없었다.

그래서 생각을 해낸 것이 당시 세계적으로 유명했던 폴란드의 피아니스트 파데렙스키를 초청하여 음악회를 열자는 것이었다. 파데렙스키의 매니저는 출연료로 2,000달러를 요구했다.

두 청년은 열심히 뛰며 연주회를 준비했지만, 연주회가 끝난 뒤 계산을 해보니 예상과는 달리 적자였다. 하는 수 없이 두 학생은 수입의 전액인 1,600달러와 나머지 400달러는 추후에 벌어서 갚겠다는 증서를 만들어서 파데렙스키를 찾아갔다.

머뭇거리며 전후 사정을 설명하는 두 학생의 말을 듣고 난 파데렙스키는 웃으면서 그 증서를 찢어 버렸다. 그리고 1,600달러를 돌려주며 다음과 같이 말했다.

"너무 걱정하지 마시오. 연주회에 든 경비를 뺀 나머지 돈 중에서, 수고비 20퍼센트를 제외하고 남은 돈을 주시오."

그 뒤 여러 해가 지났다. 제1차 세계대전이 유럽을 휩쓸고 지나간 후, 폴란드의 지도자가 된 파데렙스키는 굶주리는 국민을 위하여 미국에 원조를 청할 수밖에 없었다.

그런데 파데렙스키가 미국에 식량 원조를 청하기도 전에 대량의 식량이 폴란드에 도착했다. 참으로 고맙기는 했으나 매우 뜻밖의 일이었다. 급한 대로 그것으로 식량 문제를 해결한 파데렙스키는 때마침 프랑스를 방문 중인 미국의 후버 대통령을 찾아가 고맙다는 인사를 했다.

그러자 후버 대통령은 이렇게 말하는 것이 아닌가.

"아닙니다. 식량이 필요하실 것 같아서 보내드린 것뿐입니다. 그리고 기억하실지 모르겠지만, 제 대학 시절에 절 크게 도와주신 일이 있었지요. 그땐 제가 정말 어려운 곤경에 빠져 있었습니다."

친절은 바로 돈이다

길을 가다가 마주 오던 한 사람이 어깨를 툭 치고 갈 때 그에 대한 한국인, 일본인, 중국인의 반응은 각각 다르다고 한다.

뒤도 안 돌아보고 '그럴 수도 있지 뭐'하고 묵묵히 걸어가는 사람은 중국인이란다. 대륙적 기질이다. 얼른 뒤돌아서면서 "아이고! 죄송합니다, 죄송해요"하고 머리를 조아리며 사과하는 사람은 예외 없이 일본인이란다. 섬나라 기질이다. 그런데 "야! 왜 사람을 치고 그래?"하고 시비를 거는 사람이 있단다. 어느 나라 사람일까? 불행히도 한국인이란다.

한국인의 얼굴 표정은 화난 사람 같고, 말도 무뚝뚝하게 하며, 불친절하다는 것이 외국인들의 일반적인 평이다. 과연 우리는 항상 화를 내고, 불친절한 마음을 품고 생활하고 있을까? 아니면 외국인들의 눈에만 그렇게 비치는 것일까?

아니다. 한국인처럼 인정 많고 친절한 사람도 없다. 세계 어느 나라를 가보아도 한국 식당에서처럼 푸짐하게 음식이 나오는 곳이 없으며, 한국 술집처럼 다양한 안줏거리가 나오는 나라도 없다.

그런데 어째서 외국인들은 한국인들을 불친절하다고 평할까?

그것은 표현력의 부족에서 오는 것으로 볼 수 있다. 감정 조절을 제대로 못하고 표현력이 부족하기 때문에 오해를 받고 있는 것이다.

'나는 그런 뜻이 아니었는데 그 친구가 괜히 오해를 했어.'

이런 말이 우리 입에 자주 오르내리는 것만 봐도 알 수 있지 않은가?

친절이란 '정답고 고분고분함'을 뜻한다. 여기서 특히 중요한 부분이 '정답고'라는 부분이다. '정답다'라는 것은 남을 위한 배려심이다. 남을 위하여 마음을 쓰는 것이다. '남을 위하는 마음가짐으로 부드럽게 응대하는 것'이 진정한 의미의 친절이다.

친절에는 세 가지가 있다.

상대의 심중을 헤아려 먼저 베푸는 적극적인 친절, 부탁을 받고 나서야 비로소 베푸는 친절, 그리고 부탁을 받고서도 무성의하게 대하는 불친절이 그것이다.

친절은 원만한 인간관계의 열쇠이며, 비즈니스에서는 바로 돈이다.

35
서비스 제일정신이 성공을 만든다

세계 최대의 택시회사 MK

1985년 1월 31일, 일본의 5대 일간지 석간 1면 톱기사는 '택시요금 인하소송, MK가 전면 승소'라는 것이었다. MK는 도쿄의 유명한 택시회사로 '다른 택시보다 요금을 싸게 받겠다'라고 소송을 걸어 승소했다는 내용이다.

이 회사의 대표는 재일교포 유봉식 회장으로, 1960년 열 대의 택시로 운수사업을 시작해 현재 1,000여 대의 택시에 직원 3,000여 명을 거느린 세계 최대의 택시회사가 되었다.

신화와 같은 성공을 이루어 낸 유봉식 회장

의 성공 철학은 'MK시스템'이라고 불리는 것에 모두 담겨져 있다. 즉 고정관념의 틀에서 벗어나려는 '진취적 사고'와 '서비스 제일정신'이라고 하는 철저한 봉사정신에 있다.

MK택시를 타면 승객들은 마치 귀족처럼 대접을 받는다.

"고맙습니다. MK의 ○○○입니다."

"어디까지 가십니까? ○○까지 가시는군요."

"고맙습니다. 잊으신 건 없으십니까?"

타고 내릴 때까지 MK택시의 기사들은 웃음 띤 얼굴로 이 세 마디의 인사를 결코 잊지 않는다. 이 가운데 한마디만 빠뜨려도 요금을 받지 않겠다고 하는 표시판이 좌석에 붙어 있다.

그런가 하면 1972년부터는 응급환자를 위해 비상용 택시를 대기시켰고, 1978년부터는 운전기사 모두에게 응급요원 자격을 따게 했다.

MK는 신입사원의 연수교육을 행인들이 많

은 번화가에서 한다. 교육내용의 주안점은 인사로 많은 행인 앞에서 부끄럼 없이 인사를 할 수 있어야 한다는 것이 MK의 목표이다.

유니폼을 디자인하는데도 일본 최고의 디자이너에게 1억 원이라는 거금을 주었다고 해서 화제가 되기도 했던 유봉식 회장의 끝없는 개척과 도전 의지는 무한궤도를 달리고 있다. 그에게는 결코 불황이 없다.

거지 손님에게 특별 접대를 한 사장

요즈음 기업은 물론 심지어는 동네의 작은 가게마저도 장사가 안 된다고 야단이다.

이런 와중에도 호황을 누리는 업종이 있으며, 남들은 안 된다고 울상이지만 같은 업종을 하면서도 잘 되는 업소가 반드시 있다. 같은 업종을 하는데도 번성하는 업소와 그렇지 않은 업소의 차이는 뭔가 남다른 서비스와 경영자의 마음가짐이 있기 때문이다.

서울에 있는 최고급의 한 제과점은 빵 맛이

좋고, 방부제를 안 쓴다는 소문이 나서 많은 사람이 찾는 곳이다.

어느 날, 이 제과점에 거지가 케이크를 사겠다고 들어왔다. 종업원은 거지가 원하는 케이크를 꺼내어 주려다가 '돈이 있을까?' 하는 의구심이 일어났고, 건네주기를 잠시 망설였다. 그때 사장이 달려나왔다.

"그 케이크를 내게 주게. 내가 처리하겠네."

종업원에게서 케이크를 받아 든 사장은 그 거지에게 공손히 전달했다. 그리고 돈을 받고 나서는 정중하게 인사를 하며 말했다.

"저희 가게를 찾아 주셔서 감사합니다. 다음에 또 와 주십시오."

거지가 돌아가자 종업원이 이상해서 사장에게 물었다.

"아니 사장님. 여태까지는 어떤 사람이 찾아와도 사장님께서 직접 판매한 적이 없었는데, 오늘은 어떻게 그것도 거지에게 직접 파셨습니까?"

그러자 사장이 대답했다.

"자네가 그렇게 말하는 것도 무리는 아닐세. 그러나 명심해야 할 것은 우리 가게에 찾아오는 손님은 대부분이 단골이기 때문에 이상할 게 하나도 없네. 그러나 아까 그 사람은 특별한 손님이라네."

"뭐가 특별하다는 겁니까? 거지인데."

종업원이 의아해서 묻자, 사장은 다음과 같이 말했다.

"우리 가게를 찾아오는 손님들 대부분은 돈 많은 사람들이지만, 그 거지는 돈이 없는 사람이네. 그런데도 우리 가게 앞을 지나다닐 때마다 우리 집 케이크를 먹고 싶다고 느꼈을 것이야. 그래서 한푼 두푼 동냥으로 얻은 돈을 알뜰히 모아서 오늘 우리 케이크를 샀으니, 이보다 더 고마운 일이 어디 있겠는가? 이런 고마운 손님에게 사장인 내가 직접 전달을 한다는 것은 당연한 게 아닌가? 손님의 외양보다는 마음을 읽을 줄 아는 서비스를 하게나."

최고의 친절 직원으로 뽑힌 운전기사의 서비스

이인수 씨는 백화점 셔틀버스를 운전하는 기사이다. 셔틀버스는 다람쥐 쳇바퀴 돌듯이 정해진 코스를 도는 것이 고작이지만, 이인수 씨는 팬클럽이 있을 정도로 백화점의 이미지 개선에 크게 이바지하고 있다.

이인수씨는 고속버스 운전기사로 근무를 하다가 정년을 맞아 백화점 셔틀버스 운전기사로 제2의 인생을 시작하였다. 그런 그가 화제의 주인공으로 떠오르게 된 것은 백화점에 근무하는 8,000여 명의 종업원 가운데 '최고의 친절 직원'으로 뽑혔기 때문이다.

이인수씨는 백화점에 취직을 한 이후 거울을 보고 항상 웃는 연습을 했다. 또 얼굴 표정에 반가움이 배어 나오게 하기 위해서, 어린 아이는 손자를 대하듯이, 할머니 할아버지는 집안 어른을 대하듯이, 승객 한 사람 한 사람에게 친절을 베풀었다.

어디 그뿐인가? 애완동물도 마다 않고 태워

주고, 응급사태가 발생하면 만사를 제쳐놓고 환자를 병원으로 후송해 주기도 했다.

이런 식으로 성심성의껏 모든 사람들을 대하자, 아파트 단지 내에 '이인수 팬클럽'이 결성되었다. 또 하루라도 안 보이면 '무슨 병이 난건 아닌가?' 하고 염려할 정도로 주민들의 사랑을 받게 되었다.

백화점의 주요 직책도 아닌 셔틀버스 운전기사 이인수 씨가 벌이고 있는 서비스 제일정신의 운동은 어느 누구보다도 큰 효과를 발휘하고 있다.

아무리 경쟁이 치열하고 경제 불황이 계속된다고 해도, 서비스 제일정신의 기업은 살아남는다.

그러나 서비스 제일정신의 신조인 친절 운동의 효과는 하루아침에 나지 않는다. 또한, 가식적이거나 외관상의 친절만으로도 고객을 만족시킬 수는 없다. 지금은 고객만족을 넘어서 고객을 감동시키지 않으면 안 되기 때문이다.

이 고객감동의 서비스를 하기 위해서는 고객을 내 몸 이상으로 생각하려는 배려와 진심으로 감사하는 마음을 갖고 효과적으로 표현해야만 한다. 표현하지 않는 마음가짐은 상대에게 전달되지 않는다.

서비스 제일정신! 이 자세야말로 기업은 물론 우리 사회의 모든 분야에 필요하다. 또한, 지금 어려운 경제상황을 헤쳐나가기 위해서도 우리가 모두 몸에 익혀 실천할 때이다.

36
성공하는 사람은 사랑할 줄 안다

없는 것도 주는 것이 사랑이다

세상에서 가장 아름다운 행위 가운데 하나는 다른 사람에게 봉사하는 것이다.

사랑을 베풀고 친절을 베풀며 돈이나 물질을 베푸는 등 베푸는 방법도 여러 가지다. 그러나 그 중에서 가장 큰 베풂은 사랑이 아닐까 한다.

1997년에 작고한 마더 테레사 수녀는 인도 캘커타의 빈민가에 살면서 가난한 자와 고아, 나병환자 등 죽음만을 기다리는 사람들을 구원하는데 한평생을 바쳐 왔다.

마더 테레사 수녀 생전에 가진 것이라고는 두 벌의 사리와 그것을 세탁할 물통, 카디건, 손으로 만든 직물주머니가 고작이었다.

마더 테레사 수녀가 '사랑의 선교회'를 창립하여, 세계 각국의 가난으로 허덕이는 사람에게 사랑의 손길을 뻗쳤다. 그 공로를 인정받아서 막사이사이상, 케네디 기금상, 노벨평화상까지 받았는데, 수녀의 생활 철학이 사람들에게 큰 감동을 불러일으켰다.

"없어도 주는 것이 사랑입니다."

또한, 숭고한 생활 철학뿐만 아니라 근검절약하는 모습도 오늘날 우리에게 많은 귀감이 되고 있다. 수녀는 세계 각국을 순회하면서 기금을 모금하였는데, 언젠가 열차에서 아이스크림과 물을 얻어 마시고는 아이스크림을 떠먹은 플라스틱 숟가락과 물 마신 종이컵을 닦아서 누더기 주머니에 소중히 간직하자 옆에서 이 광경을 지켜본 젊은 수녀가 말했다.

"그건 한번 쓰고 버리는 거예요."

"그래요? 인도에서는 이런 종이컵이나 숟가락도 요긴하게 쓰인답니다."

미소를 지으면서 말하는 테레사 수녀의 말에 일동은 고개를 끄덕였다.

얻어먹을 힘만 있어도 신의 은총이다

1976년 오웅진 신부는 충북 음성군 금왕읍 무극리에 있는 성당에 주임 신부로 첫 발령을 받았다.

석양이 노을진 저녁, 할아버지 한 분이 깡통에다 밥을 얻어서 성당 앞을 지나고 있었다. 무슨 생각에서였는지 오 신부는 할아버지 뒤를 쫓아갔다. 한 300m쯤 떨어진 용담산 산기슭에 움막이 있는데, 그곳에는 걸인들이 살고 있었다.

움막 안을 들여다보니 맹인도 있고 절름발이도 있으며, 알코올중독자와 정신병자 등 죽어 가는 걸인들이 열여덟 명이나 있었다. 이윽고 할아버지는 얻어 온 깡통 속의 밥을 이들에게 나누어주었다.

이후 오 신부는 할아버지의 내력을 알게 되었다. 할아버지의 이름은 최경락, 그러나 마을에서는 본명을 아는 사람은 드물고, '최귀동'이라면 모르는 사람이 없었다. 이유인즉 아주 부잣집에서 태어났기 때문에, 어려서 동네 사람들이 아명兒名으로 '귀한 집 아이'라고 해서 귀동이가 되었다고 한다.

최귀동 할아버지는 부잣집에서 태어나 예쁜 아내를 얻어 행복하게 살았지만, 일제 강점기 말에 징용되어 북해도 탄광에서 혹사를 당하다가 미치고 만다. 그 후 정신을 차리고 고향에 와 보니, 집안은 망하고 부인도 온데간데없어졌다.

그러나 할아버지는 가슴 속에 맺힌 한을 풀기보다는 꿋꿋이 일어서 자기보다 못한 사람들을 위하여 밥을 얻어다 먹였다. 항상 커다란 자루를 메고 다니면서 아이들이 다칠까 봐 깨어진 유리나 사금파리들을 주어다가 버리는 생활을 40여 년 동안이나 한결같이 하고 있었다.

'세상에 저런 할아버지가 있다니, 사람인가? 천사인가?'

순간 오웅진 신부의 머릿속에 떠오르는 생각이 있었다.

'얻어먹을 수 있는 힘만 있어도 좋은 일을 할 수가 있구나. 얻어먹을 힘만 있어도 주님의 은총이다!'

이렇게 깨달은 오웅진 신부는 이튿날 1,300원으로 시멘트를 사서 블록을 만들어 집을 짓기 시작했다. 1976년 11월 15일 방 다섯 칸에 18명의 걸인을 입주시켰다.

이것이 바탕이 되어 지금은 2,000명 이상의 사람들을 수용할 수 있는, '꽃동네'로 불리는 우리나라에 가장 큰 사회복지종합센터가 되었다.

어떻게 원수를 갚을 것인가?

성공을 바라는 사람들 가운데는 이기적인 사람들이 많다. 남이야 어떻게 되든 나만이 성공하면 된다는 식으로 마치 '성공을 쟁취의 산물'처럼 생각하는 사람도 있다.

그러나 진정한 성공은 사랑하는 마음 없이는 결코 이루어지지 않는다. 간혹 자기만을 위한 일시적인 성공도 있지만, 이기적인 성공은 쉽게 무너지기 십상이다.

미국 서부개척시대, 영국 출신의 한 백인이 가든파티를 열었다. 맛있는 음식이 가득하고 많은 사람이 모여 노래와 춤을 즐기고 있었다. 때마침 허기에 지친 한 인디언 추장이 그곳을 지나다가 주인에게 간청을 했다.

"배가 몹시 고프니, 빵 좀 주시오."

그러나 주인은 인디언 추장의 간청을 기분 나쁘게 거절했다.

"뭐야? 너 같은 야만인에게 줄 빵은 없어!"

"그럼, 물이라도 좀 주십시오."

"너 같은 놈한테 줄 물이 어디 있어."

백인은 인디언 추장에게 모욕적인 말을 퍼부었다. 추장은 서럽고도 분한 마음으로 돌아셨다.

그 사건이 있은 얼마 후, 그 백인이 사냥을 나갔다가 길을 잃고 헤매다가 지쳐서 그만 기절해 버렸다.

얼마나 시간이 흘렀을까? 백인이 눈을 떠보니 그곳은 인디언 추장의 거처였다.

"이제 정신이 드시오. 당신, 나를 어디서 본 것 같지 않소?"

백인은 부끄러워 말을 못하자 추장이 다음과 같이 말했다.

"마침내 나는 원수를 갚았다."

참다운 승리, 진정한 복수는 사랑하는 것이다. 당신이 진정으로 성공하려는 사람이 되려면 자기를 사랑하고, 일을 사랑하며, 사람을 사랑해야만 한다. 왜냐하면, 사랑이야말로 모든 난관을 이기고 성공할 수 있는 가장 위대한 비결이기 때문이다.

사랑이란 아끼고 위하는 마음이며, 사랑을 실천하는 방법은 친절하게 대하고 베푸는 것이다.

당신을 사랑하고 이웃을 사랑하자. 나보다 못한 사람을 아끼고 위해 주며, 나보다 가난한 사람에게 베풀며, 하루하루를 사랑이 충만한 마음으로 살아가도록 노력하는 것이다.

37

성공의 원동력은 신념이다

100원짜리 동전을 밑천으로 지은 집

마흔다섯 살가량의 한 페인트공이 대학 교수 집에서 일을 하다가 교수에게 말을 걸었다.

"선생님은 참 좋은 집에 사시네요. 나도 이런 집이 하나 있다면 더는 바랄 것이 없겠어요."

"왜, 당신은 집이 없소?"

그러자 페인트공은 그렇게 몰상식적인 질문이 어디 있느냐는 투로, 아이들을 키우는데 드는 비용과 점점 치솟는 물가로 말미암아 쓰기도 바쁜데 언제 돈을 모아서 집을 사겠느냐고 말했다.

페인트공의 말을 묵묵히 듣고 있던 교수는 과자 상자를 집어들더니, 주머니칼로 상자의 맨 꼭대기에 동전 하나가 들어갈 정도의 구멍을 팠다. 그런 다음에 상자의 앞면에다가 다음과 같이 썼다.

'내 집 마련 자금'

그러고 나서 사나이에게 말을 걸었다.

"당신, 동전이 있으면 좀 꺼내 보시오."

페인트공은 어리둥절한 표정으로 주머니에서 동전 몇 개를 꺼냈다. 손에는 10원짜리 동전 다섯 개, 100원짜리 동전 두 개가 있었다.

교수는 100원짜리 동전 하나를 집어 상자로 만든 저금통 구멍 속으로 떨어뜨리며 말했다.

"이 작은 돈 100원짜리를 밑천으로, 당신은 앞으로 몇 년 안에 그토록 소망하던 내 집을 갖게 될 거요. 이 통이 다 차면 은행에 예금을 하고, 잔돈푼이라도 모아서 저축하는 습관을 들여 보시오."

그로부터 몇 년이 지난 어느 날 교수에게

페인트공으로부터 초대장이 날아왔다.

페인트공이 내 집을 마련한 비결

집들이 날, 하객들의 축하를 받으면서 집주인은 말했다. 그것은 어떻게 100원이 천 원이 되었고, 천 원이 만 원, 만 원이 십만 원으로 그리고 몇천만 원까지 되었는가 하는 것이 아니었다.

"나의 가장 큰 승리는 '난 할 수 없다'라는 말 대신 '나도 할 수 있다'라는 말을 배운 것입니다."

잠시 말을 멈추고 둘러보더니, 교수를 가리키며 계속했다.

"제가 선생님 집에서 일하던 날까지만 해도 나는 집이란 돈 많은 사람들이나 갖는 것이지, 나와는 상관없는 것처럼 단정했습니다. 그래서 한 푼도 저축하지 않고, 그날 번 것은 그날 다 쓰면서 살았지요. 그런데 선생님께서 '왜 당신은 집이 없소?'하고 물으셨습니다. 나는 어처구니가 없어서 구차한 소리를 늘어놓았지요."

여기까지 말하고는 지난날을 회고하는 듯이 잠시 뜸을 들였다가 다시 말을 이어나갔다.

"그러자 선생님께서는 내게 저금통 하나를 만들어 주시면서, 저축의 중요성을 일깨워 주었습니다. 그래서 저는 결심했습니다. 그리고 가족들과 상의해서 아무리 적은 푼돈이라도 아껴서 저금을 하기 시작했습니다. 쪼들리는 생활은 말이 아니었습니다. 그래서 중도에 포기할까도 생각해봤습니다. 그러나 ……."

페인트공은 잔돈푼이 모여 은행 통장에 모인 것을 보았을 때 희망이 생기더라는 것이다. 그래서 밤낮으로 열심히 일했고, 필요 없이 지출되는 생활비 등을 철저히 줄여 나갔다.

"티끌 모아 태산이라고 온 가족이 노력한 결과, 마침내 내 집을 마련했습니다. 그러나 이것은 시작일 뿐입니다."

이렇게 말하는 페인트공의 눈은 빛나고 있었다.

페인트공의 말에 취해 있었던 교수는 벽 한 가운데 있는 재미있는 장식을 발견했다. 나무 옹이의 윤택이 나는 조각 위에 아로새겨진 것은 100원짜리 동전이었다.

동전 조각 밑에는 다음과 같은 말이 새겨져 있었다.

'이것의 토대 위에서 이 집은 세워졌다.'

성공하는데 가장 중요한 말은?

맹인이 외나무다리를 건너다가 미끄러져 다리에 대롱대롱 매달려 있었다. 어떤 사람이 지나다 보니, 맹인의 발이 땅바닥에 닿을락 말락 하는 게 아닌가?

"여보시오! 손을 놓아요. 아무 일도 없을 테니까."

그러나 앞을 못 보는 맹인은 의심을 했다. '저놈이 내가 앞을 못 본다고 놀리는군. 떨어지면 죽지 죽어' 하면서 힘껏 매달려 놓지를 않는다. 올바른 충고를 해주어도 듣지 않는 맹인이 괘씸하기도 하고, 또 떨어져도 죽지 않을 것 같아서 그 사람은 그냥 지나가 버렸다.

얼마나 시간이 흘렀을까? 기진맥진한 맹인이 더는 버틸 힘이 없어 '이젠 죽었구나'하고 손을 놓았는데도 우뚝 서자 이렇게 말했다.

"에이, 이럴 줄 알았더라면, 아까 진작 손을 놓을걸."

세상에는 눈먼 맹인보다 더 어리석은 맹인도 많다.

당신이 진정으로 성공하려면, '나는 할 수 없다'라는 소극적인 마음을 버리고, '나는 할 수 있다!'라는 적극적인 마음으로 행동에 옮겨야 한다. 당신이 성공하는 데 있어서 가장 중요한 말은 '나는 할 수 있다'이다. 세상만사는 마음먹기에 달렸다.

38

지금 하고 있는 일에 충실해라

지금이 바로 성공의 기회이다

만약 인생에 재판再版이 있다면, 과연 나는 교정쇄를 어떻게 교정할까 하고 고민 중이다.

\- 존 클레어

한 자루의 초가 자신의 몸을 불태우며 빛을 발하듯이, 당신은 지금 인생의 가장 중요한 시기에 정열을 불태우며 성공이란 탑을 쌓기에 열중하고 있는가? 공든 탑은 무너지지 않는 법. 하나하나 정성을 쏟는 땀 흘리는 작업은 당신이 이룰 성공을 장엄하게 쌓아올릴 것이다.

초지일관初志一貫은 성공하려면 처음에 세웠던 뜻을 중도에서 포기하지 말고 끝까지 밀고 나가라는 뜻이다. 포기하지 않는 것은 바로 힘이고, 성공의 원동력이기 때문이다.

부자가 되기를 꿈꾸는 가난한 어부가 살고 있었다. 그는 고된 일과 후 밤길을 걸으면서 '부자가 되면 무엇을 할 것인가?'에 대해 상상을 하는 습관이 있었다.

그러던 어느 날 밤, 조그마한 가죽주머니가 발부리에 채였다. 무심코 주머니를 집어들어 만져 봤더니, 그 속에는 자갈이 가득 들어 있었다. 그는 바닷물 속으로 그 자갈을 하나씩, 하나씩 던지면서 평소의 습관대로 중얼거렸다.

"부자가 되면 큰 집을 한 채 사야지."

"부자가 되면 하인도 부리고, 자동차와 맛있는 음식도……."

신나게 상상의 날개를 폈다. 그런데 마지막

돌을 손에 든 순간 어부는 이상한 느낌이 들었다. 달빛에 반사되어 반짝하고 빛이 나고 있지 않은가. 그때야 비로소 자신이 바닷물 속에 던진 돌멩이가 모두 값진 보석이었음을 깨달았다.

어리석은 어부는 미래의 행복을 생각하다가 찾아온 현재의 행복, 즉 값진 보석들을 물속에 던져 버리고 말았던 것이다.

사람은 누구나 성공할 수 있는 능력을 지니고 있다. 그러나 대다수의 사람이 그 가치를 모르고 지나칠 뿐이다.

폐광廢鑛을 눈앞에 둔 콜롬비아의 한 광산이, 어떤 투자자에게 단돈 10달러에 넘어갔다.

그러나 여러모로 궁리한 끝에 별로 가치가 없다고 단정하고는 다시 100달러에 다른 사람에게 넘겨 버렸다. 그 후 이 광산은 3만 달러에 그리고 다시 400만 달러에 주인이 바뀌는 등 여러 사람 손에 넘겨졌다.

단돈 10달러에 사들였던 행운의 투자자는

왜 그 엄청난 부富를 놓쳤을까? 최초의 투자자는 금광의 가치, 즉 매장량을 자세히 검토하지 않았던 것이다. 금광은 처음부터 가치를 지니고 있었지만, 사람들의 무지와 경솔로 말미암아 이 같은 결과를 낳은 것이다.

행동하는 자만이 성공한다

직원 가운데 자신의 후계자를 선정하려고 세심하게 조사한 결과, 세 사람의 유능한 간부가 후보자로 선발되었다.

총수는 그들에게 후계자 자격을 시험하기로 하고, 세 사람을 호텔방으로 불러들인 후 다음과 같이 말했다.

"자네들은 우리 회사에서 가장 유능한 인물이네. 자네들 셋 중에 한 사람을 내 후계자로 정하겠네. 지금 내가 문을 밖에서 잠그고 갈 테니 누구든지 먼저 문을 열고 나오게. 제일 먼저 나오는 사람이 내 후계자가 될 걸세."

재벌 총수는 쾅하고 문을 닫고 나가 버렸다.

방 안에 갇힌 세 후보자는 저마다 머리를 짜내기 시작하였다.

한 사람은 벽의 구조에 대한 설계도를, 한 사람은 자물쇠의 분해도와 함께 문을 열기 위한 고차원의 수학공식을 풀기에 여념이 없었다. 그러나 세 번째 사람은 의자에 앉아 곰곰이 생각하더니 자리에서 일어나 문을 향해 걸어갔다. 그리고는 힘주어 손잡이를 돌렸다. 문은 소리 없이 열렸다. 처음부터 문은 잠겨 있지 않았다.

세상에는 온통 지식과 이론이 넘쳐흐른다. '아는 것이 병'이란 말처럼 지식의 공해는 행동력을 약화시키고 있다.

세상은 행동하는 사람을 요구한다. 성공은 행동하는 사람들에게만 주어지는 신의 선물이다. 행동으로 실천하지 않는 한 우리의 꿈, 계획, 목표는 실현할 수 없다. 오늘의 일을 결코 내일로 미루지 마라. 당신의 생각을 지금 당장 행동으로 옮기는 것이 성공의 첫걸음이다.

성공은 기다려 주지 않는다. 당신이 행동하기를 주저한다면 성공은 다른 사람에게 돌아가고 만다.

성실의 씨앗은 심은 대로 거둔다

오랫동안 건설회사에서 근무한 건축기사 한 사람이 어느 날 간부회의에 출두하라는 사장의 명령을 받고 참석했다.

중역들이 죽 둘러앉은 자리에서 사장의 명령이 떨어졌다.

"여보게, 고급 주택가에 세워질 모델하우스를 하나 짓게나. 비용은 얼마든지 아끼지 말고, 재료도 최고급으로 하고 또 노동력도 최대한으로 활용하게."

그러나 건축기사의 생각은 달랐다.

'눈에 보이지 않는 부분에 어떤 재료를 썼는지 누가 알겠어. 값비싼 노동력? 최상급 재료를 사용하라고? 그래서 남는 게 있겠어? 사장님이 몰라도 한참 모르시는군.'

건축기사는 질이 낮은 재료와 2류 기술자를

고용하여 겉만 번지르르하게 지어 놓았다.

모델하우스가 완성되자, 사장은 준공을 축하하는 리셉션을 가졌다. 리셉션이 끝난 다음 사장은 모델하우스에 사용되는 열쇠꾸러미를 건축기사에게 주면서 다음과 같이 말했다.

“오랫동안 성실하게 회사를 위해 일해 왔으니, 그 대가로 이 집을 자네에게 주겠네.”

건축기사는 깜짝 놀라면서 성실하지 못했던 자기 자신을 부끄럽게 생각하며 후회를 했다.

실패한 사람은 자기에게 오는 기회나 자산도 자기 파멸에 이용해 버린다. 그러나 성공한 사람은 자기가 받은 것보다 더 많은 것을 주려고 노력한다.

씨는 뿌리는 대로 거두는 법. 하루하루를 얼마나 성실하게 살아가느냐가 성공을 좌우하는 척도이다. 세상을 더욱 넓고 길게 내다보라. 찬란한 성공의 광채는 세세한 부분까지 성실한 자세로 갈고 닦은 노력의 결과이다.

39
자기 대화가 성공을 만든다

기존 성공학이 제시하지 못한 성공의 원리

성공학에 관심을 두고 있는 사람이라면 셀프토크, 즉 '자기 대화'를 알아야 한다.

자기 대화를 발견하고 체계화시켜 프로그램을 만들어 낸 미국의 인간행동학자 쉐드 햄스테터 박사는 학생 시절부터 성공에 관심이 있었다. 쉐드 햄스테터 박사는 성공학에 관련된 책을 읽었고, 자기 계발 세미나에도 수없이 참석을 하였다. 그러나 대부분의 책과 강의는 당장 주먹이 불끈 쥐어지고 무엇이든지 해낼 수 있을 것 같은 자신감이 생겼지만, 막상 실천해 보려고 하면 뜻대로 되지 않았다.

'왜 그럴까? 무엇이 잘못되었다는 말인가?'

쉐드 햄스테터 박사는 여기에 의심을 품고 원인 규명을 찾아 나섰다.

박사는 성공학 강의나 책은 타인의 동기부여로 잠시 의욕이 솟지만 이내 사그라진다고 보았다. 한편, 원리와 방법만 깨달으면 지속적인 동기부여로 누구나 성공할 수 있다고 주장하면서 기존 성공학에 빠져 있던 근본적 문제가 자기 대화에 있다는 것을 알아냈다. 그리고 인간은 의식적이든 무의식적이든 말, 문자, 생각으로 끊임없이 자신과 대화를 나누고 있다는 점에 착안해 지속적인 동기부여를 할 수 있는 자기 대화의 이론과 실제를 창안해 냈다.

다이어트는 물론 부부관계에도 특효

쉐드 햄스테터 박사는 식생활에 관한 내용과 자기존중에 관한 것, 그리고 적당한 몸매에 관한 내용을 담은 자기 대화의 말들을 녹음을 해서 오디오 테이프로 만들었다. 그리고 매일 아침 면도를 하면서, 차 안이나 사무실, 그리고 잠자리에 들기 전에도 가능한 곳이라면 어디에서나 들었다.

두 달 반가량 지난 후, 박사는 자신의 몸무게가 26킬로그램 준 것을 발견했다.

더 흥미로운 사실은 박사의 곁에서 화장을 하고 했던 아내 역시 몸무게가 줄었다는 사실이다.

부부 사이가 나빠져 이혼 직전에 있던 한 여성이 쉐드 햄스테터 박사의 '자기 대화 세미나'에 참석한 후, 개인적인 유대관계 증진에 관한 내용의 자기 대화 테이프를 아침저녁으로 들었다. 이 여성은 남편의 TV시청이나 아침시간을 방해하지 않도록 노력하면서 테이프를 작게 틀어 놓았다. 남편은 아내의 행동에 거의 신경을 쓰지 않았다.

2주일이 지난 어느 날 저녁식사 중에 남편이 "그 테이프가 무슨 테이프야?"라고 물었다. 별거 아니라고 하자 다시 관심을 보이지 않았다.

3주쯤 지나자 남편은 아내가 옷을 입는 동안 틀어 놓았던 그 테이프를 다시 틀어 보라고 했다. 그전부터 이 여성은 남편과의 논쟁이 적어졌다는 것은 느끼고 있었지만, 매일 아침 자신이 듣고 있는 테이프에 남편이 큰 흥미가 있었다는 것을 비로소 깨달았다. 그날 이후, 아내에 대한 남편의 행동과 또 일을 하는 자세가 두드러지게 변화되기 시작했다.

이 부부는 많은 대화를 나누기 시작했고, 새로운 계획들을 세웠으며, 사이좋은 부부가 되었다. 자기 대화가 한 여성에게 작용한 것과 똑같이 그 남편에게도 작용한 것이다.

자기 대화의 다섯 가지 방법

자기 대화는 자기가 원하는 바를 자신에게 말하면 된다. 사용하기가 매우 쉬울뿐더러 그 효과도 엄청나게 크다. 그래서 '기적을 창조하는 자기 대화'라고 할 정도로 잘 알려졌다.

· 침묵을 통한 자기 대화

말없이 생각으로 하는 내면을 향하는 대화로, 자신에 관해서 생각하는 것이나 주위에 있는 것에 대한 생각 모두가 포함된다. 내용은 부정적 사고방식으로 바라보던 자신을 긍정적 사고방식으로 보면 된다. 이 자기 대화는 옛것을 새것으로 바꾸는데 좋은 간단한 방법이다.

· 언어를 통한 자기 대화

침묵을 통한 자기 대화와는 달리 소리 내어 말하는 자기 대화로서, 자기가 자신에게 말하거나 주위의 다른 사람과 모든 것들이 포함된다.

· 대화를 통한 자기 대화

이 자기 대화는 사용하기 쉬울 뿐만 아니라 매우 재미있다. 실제 큰소리로 자기 자신과 말을 주고받으면 된다. 처음으로 이 자기 대화를 할 때는 아무도 없는 곳이나 문을 잠그고 싶어 할 것이다. 왜냐하면, 남들이 들으면 잘못 오해할 수도 있기 때문이다.

· 문자를 통한 자기 대화

이 자기 대화는 소망하는 것을 글로 표현하는 것으로서, 자신이 원하는 가장 중요한 새 프로그램을 잠재의식에 전달하는 구체적인 진술서陳述書라고 할 수 있다. 예쁜 카드에 적어도 좋고, 붓글씨로 크게 써서 벽이나 천정에다 붙여 놓아도 좋다.

· 테이프를 통한 자기 대화

되고 싶거나 원하는 바를 테이프에 녹음하여 시간이 허락하는 대로 듣는 자기 대화이다. 음악이나 외국어 회화공부의 테이프처럼 들으면 된다. 직접 말을 녹음해도 좋고, 권위 있는 사람의 말을 녹음해서 들어도 좋다.

자기 대화는 어떤 방법이든 반복적으로 지속적으로 들어야 효과가 있다. 또한, 자기 대화를 만들 때에 주의할 점이 있다. 자기 대화는 반드시 긍정적인 언어와 현재진행형으로 해야 한다.

인간행동연구가들은 '우리가 생각하는 모든 것들의 77퍼센트가 부정적이고 비생산적이며, 우리가 원하는 것과는 반대되는 것'이라고 한다. 또한, 의학연구가들은 '모든 질병의 75퍼센트가 자기 유도에 의해서 기인한다'라고 말한다.

우리는 자기도 모르는 사이에 습관적으로 부정적인 언어로 말한다. 그러나 자기 대화의 목적은 긍정적인 것으로 바꾸는 데 있다. 따라서 반드시 긍정적인 언어로 말해야 하며, 또한 미래에 이루어질지라도 지금 현재 이루어진 것처럼 현재진행형으로 말해야 잠재의식이 그대로 작동하게 된다.

40

기대하면 기대한 대로 된다

이렇게 하면 성적이 오른다

키프로스 섬의 왕이자 조각가였던 피그말리온은 조각 솜씨가 남달리 뛰어났다. 어느 날 피그말리온은 자기가 이상적으로 생각하고 있는 젊은 여성을 조각해야겠다고 마음을 먹었다. 그리고 심혈을 기울여 훌륭하고 아름다운 여인상을 조각하였다. 자신의 손으로 조각을 했지만 보면 볼수록 너무나 멋지고 훌륭한 여인상에 반한 피그말리온은 매일 같이 들여다보고 쓰다듬으면서 이런 생각을 하였다.

'참으로 아름답구나. 정말 멋져. 이것이 조

각품이 아니라 정말 사람이라면 얼마나 좋을까?'

그것을 안 비너스가 피그말리온의 마음을 가엽게 여겨 조상彫像에 숨을 불어넣어 인간으로 만들어 주자, 피그말리온은 자신이 조각한 여성과 결혼하여 행복하게 살았다.

교육심리학자 조지 로렌탈 박사는 다음과 같은 실험을 하였다.

학생들을 A반과 B반으로 나누고, A와 B반 모두에게 평소대로 수업을 한다. 물론 A반과 B반은 같은 연령, 같은 학년의 학생들이다. 한 달이 지나서 학생들에게 시험을 치르게 했다. 그리고 A반의 답안은 철저하게 채점을 하여 점수를 매기고, 한 명씩 불러서 답안지를 건네주며, 다음과 같이 지적하고 질책을 하였다.

"조지, 넌 기본이 되어 있지 않아. 이래 가지고는 안 되겠어." "톰, 넌 몇 번이나 말해야 알아듣겠니? 계속 같은 문제를 틀리고 있으니 말이야.”

한편, B반에 대해서는 답안을 채점도 하지 않고, 학생들에게 다음과 같이 말했다.

“이 반의 학생들은 모두 시험을 잘 봤다. 수업태도도 좋고, 답안도 잘 썼어. 선생님은 안심이다. 다음 달 시험도 잘 보기 바란다. 선생님은 너희에게 기대한다.”

다음 달 다시 시험을 치렀다. 지난번과 마찬가지로 A반의 학생들 시험 답안지는 철저하게 채점을 하고, 일일이 잘못된 부분을 지적하고 질책을 하였으며, B반의 학생들에게는 다음과 같이 말했다.

“이 반의 학생들은 모두 시험을 잘 보았다. 모두 분발해 주어서 기쁘다. 다음 달 시험도 잘 보도록 더욱 분발해주기 바란다. 선생님은 진심으로 기대하고 있다.”

이것을 1년 동안 계속한 후에 결과를 보았더니, A반 학생들은 성적이 내려갔고, 수업태도도 나빠졌으며, 선생에 대한 비판적인 언동도 많았다. 이와는 대조적으로 B반의 학생들은 모두 성적이 향상되었고, 반의 분위기도 화기애애하며, 의욕도 있는 바람직한 방향으로 바뀌었다.

이 실험으로 얻은 결론을 로젠탈 박사는 '인간은 인정하고 기대하면 기대한 대로 된다'라는 인간관계의 가설을 세우고, 이 이론을 '피그말리온 효과'라고 이름 지었다.

불가능을 결코 인정하지 마라

젊은 시절에 앤드루 카네기와 인터뷰를 하고, 카네기의 권유를 받아 20년 이상 성공한 사람을 연구한 끝에 '성공 철학'을 완성한 나폴레온 힐 박사는 현대 성공 철학의 대가로 불린다.

나폴레온 힐 박사의 아들은 불행하게도 귀가 들리지 않은 채 이 세상에 태어났다.

"이 아이는 평생 농아聾啞로 지내야 할 것입니다."

진찰을 마친 의사의 말을 힐은 인정하지 않았다.

'나는 의사의 진단을 결코 믿지 않는다. 방법만 찾으면 정상적으로 들을 수 있어.'

이렇게 믿고 '내 아들은 분명히 들을 수가 있어'라는 것이 신념이 될 때까지 매일 자신에게 타이르고, 불타는 듯한 원망을 아들의 마음속에 심어주려고 노력하였다.

그러자 미미하지만 반응이 나타나기 시작했다. 두개골 비스듬히 아래에 있는 약간 뾰족한 뼈에 혀를 대고 말해주면 들을 수 있다는 것을 발견하였다. 흥분한 힐 박사는 아들에게 '정상적으로 들을 수 있는 인간이 되고 싶다'라고 강하게 염원하고, 상상력과 자립심을 갖도록 여러 가지 방법을 동원해 가르쳤다.

아들과 아버지의 간절한 염원과 기대에 찬 공동 작업은 마침내 정상적인 사람과 똑같이 소리를 들을 수 있는 보청기補聽器를 만들게 된다. 새로 발명된 보청기를 통해 선천적 농아였던 힐 박사의 아들은 정상적인 사람처럼 소리를 듣게 되었을 뿐만 아니라, 자립도 할 수 있게 되었다.

기대와 믿음은 상식으로는 도저히 설명할 수 없을 정도의 기적과 같은 일을 만들어 낼 때가 있다.

기대를 실현하게 하는 자기 대화

클라우드 브리스톨의 책 《신념의 마력》에서 '기대하라, 그러면 실현된다'라고 역설한다. 그리고 자신의 기대를 실현하는 방법으로 잠재의식에 호소할 것을 권한다.

미국의 제32대 대통령 프랭클린 루스벨트는 '항상 잠재의식에 의존하여 암시를 되풀이하면 기대하던 일이 그대로 실현된다'라고 믿었던 사람이다.

정치가로 승승장구하던 루스벨트는 서른여덟 살의 한창 일할 나이에 소아마비에 걸렸다. 8년 동안의 투병 끝에 어떻게든지 목발을 짚지 않고 지팡이만으로 걸어 보기로 결심을 하였다. 친척들은 그가 다시 걸을 수 있기를 기원하는 의미로 지팡이를 선물로 보냈다.

루스벨트는 크게 기뻐하며 밤새도록 지팡

이에 매달려서 "프랭크, 너는 틀림없이 다시 걸을 수 있다"라고 자신을 향해 되풀이해서 말했다. 마침내 루스벨트는 지팡이로만 짚고 걷게 되었고, 그 후 대통령에도 당선되었다.

브리스톨은 잠재의식에 호소하는 방법으로 '거울을 사용하라'라고 한다.

대부호의 만찬회에 초청을 받아 간 브리스톨은 다음과 같은 장면을 목격했다. 호화로운 연회장은 식사 전에 나온 술 때문에 매우 소란스러웠다. 주인공까지도 몹시 취했다.

술에 만취해 비틀거리는 걸음으로 주인공이 방으로 들어가더니, 큰 거울 앞에 서서 거울 속의 자신을 들여다보면서 다음과 같이 중얼거렸다.

"존, 손님들 모두가 너를 취하게 해 놓고 재미있어하고 있어. 져서는 안 돼. 너는 취하지 않았어. 오늘은 네가 주인공이다."

이런 말을 되풀이하면서 거울에 비친 자신의 눈을 빤히 노려보고 있자 곧 정상으로 돌아왔다. 불과 5분 동안에 일어난 일이다.

예부터 '인간은 자기를 위하여 죽는다'라고 했던가? 타인은 물론 자신을 변화시키는 척도는 기대감이다. 긍정적인 기대와 확고한 신념을 갖고 자기 대화로 잠재능력을 일깨우는 사람은 반드시 성공한다.

41

하트파워 vs 헤드파워

천하를 제패한 힘은 하트파워

기억력이 좋고 지식이 풍부할 뿐만 아니라, 문제를 해결하는 능력까지 있는 사람을 헤드파워의 소유자라고 한다. 그러나 위대한 인물이 되려면 이와 더불어 '하트파워Heart Power'의 소유자가 되어야 한다.

중국 한나라의 초대 황제가 된 유방劉邦이 하루는 신하들을 소집하여 주연을 베풀며, 그 석상에서 이렇게 말하였다.

"농민 출신인 내가 명장의 자손인 항우項羽

를 이겨 천하를 손에 쥘 수 있었던 것은 무엇 때문일까?”

그러자 한 사람이 일어나 다음과 같이 말하였다.

“폐하는 평소 건방진 사람을 경시하는 데 비해 항우는 사람을 대우하는 듯이 보입니다. 그러나 폐하는 성을 공략하여 점령했을 때 얻은 이익을 신하들에게 나누어주고 공유했습니다. 한편, 항우는 자기보다 덕망 있는 사람에 대해서는 질투하고, 공적이 있는 자에게는 의심을 할 뿐만 아니라 포상을 하려고 하지 않았습니다. 이것이 폐하가 천하를 통일하고 항우에게는 불가능했던 이유입니다.”

유방은 이 말을 듣자 껄껄 웃으며 말하였다.

“너는 아직 하나는 알고 둘은 모르는구나. 나는 모략을 꾸미는 것은 장량張良에 미치지 못한다. 나라를 다스리고 군대에 식량을 공급하는 것은 소하溯河에 미치지 못하며, 백만의 군사를 인솔하여 승리하는 것은 한신韓信에 미치지 못한다. 그러나 나는 이 세 사람의 특성을 각각 살려서 잘 다루었다. 항우에게는 범증范增이 있었지만 그를 잘 다루지 못했다. 이것이 내가 항우를 이긴 원인이다."

성공의 85퍼센트는 하트파워가 좌우

동물의 세계는 약육강식의 원리가 지배한다. 원시사회에는 인간도 마찬가지였다. 점차 인간사회의 문명이 발달하면서, 완력보다는 우수한 도구나 기계를 가진 사람이 그렇지 못한 사람을 지배할 수 있었고, 우수한 머리를 가진 헤드파워의 소유자가 사람을 지배할 수 있었다.

그러나 사회가 복잡다단해지고 더불어 사는 사회로 변하면서, 헤드파워의 소유자보다는 이성과 감성의 조화를 이루는 하트파워의 소유자가 세상 사람들의 환영을 받는 시대가 되었다.

1987년 미국의 게리 하트 상원의원은 민주당 대선후보로, 당시 레이건 대통령의 뒤를 이어 대통령이 될 사람이라고 유력시되고 있었고, 대중들도 그를 매우 영리한 사람이라고 생각하였다.

그런 그가 여성 스캔들에 휘말렸다. 머리가 명석하고 패기만만했던 게리 하트는 여론의 도마 위에 올랐을 때, 바로 사실을 솔직하게 시인하고 조기진화를 하지 않고 두뇌게임을 하려 했다. 기자들에게 “증거를 찾아내라”라며 감정적으로 맞대응을 하다가 결국 인기가 떨어져 당내 대선후보 경선에도 중도사퇴하고 말았다.

우리나라의 지난번 대통령선거에서도 열세였던 민주당의 노무현 후보가 우세였던 한나라당의 이회창 후보에게 승리할 수 있었던 것도 하트파워의 성격이 강했기 때문이다. 이회창 후보는 헤드파워의 소유자로 마치 차가운 인형 같은 느낌을 주는 데 비하여, 노무현 후보는 하트파워의 소유자로 ‘가슴이 따뜻한 남자’라는 이미지를 심어 주는 데 성공하였다.

미국 카네기대학에서 5년 동안에 걸쳐서 사회적으로 성공한 1만 명을 대상으로 설문조사를 하였다. '성공의 비결이 무엇이었느냐?'의 질문에 85퍼센트가 '인간관계를 잘 유지했기 때문'이라고 대답하였고, 15퍼센트가 '머리、기술、노력'이라고 하였다. 인간관계에서 중요한 것은 뛰어난 하트파워를 지닌 사람이다. 하트파워가 사람을 움직이고, 사람들을 움직이는 성공한 사람이 될 수 있다.

하트파워는 상대를 잘 이해하고, 그 특성을 살려서 충분히 효과 있게 활용하는 힘이다. 그러나 정감이 풍부하여 상대를 헤아리는 마음이 있고, 사람을 대접하는 것이 능숙하다는 것만으로는 하트파워의 소유자라고 할 수 없다.

하트파워가 큰 성공을 만든다

하트파워의 제1요소는 덕성德性이다. 덕은 한마디로 '어질고 너그러운 마음'이라고 할 수 있으며, 또 '사람이 지키고 밟아야 할 길'이라는 뜻에서 도道와 결부시켜 도덕道德이라고도 한다.

철학자 아리스토텔레스는 '덕은 본성적으

로 주어져 있는 것은 아니며, 행위의 습관화로 말미암아 생기는 상태'라고 했으며, 공자孔子는 '진실과 신의를 지키고 정의를 향하여 나아가는 것이 덕을 높이는 길'이라고 했다. 또 최근에는 감성感性이 중요하다고 하여, 'EQ감성지수'도 등장했다.

《감성지능》의 저자 대니얼 골먼은 감성지능의 구성요소로 다음 다섯 가지를 꼽고 있다.

· 자신의 감정을 인식하는 능력
· 자신의 감정을 능숙하게 조절하는 능력
· 자신에게 의욕을 불러일으키는 능력
· 감정이입의 능력
· 사회적인 능력

이상 다섯 가지 요소를 종합해보면, 감성지능이란 자신의 감정을 잘 다스려서, 타인들과 잘 조화를 이룰 수 있는 인간관계의 능력이다.

현대 사회에서 성공하려면 주위 사람의 협력을 얻지 않으면 안 되며, 협력을 얻는 데는 하트파워의 소유자가 보다 더 유리하다.

용장勇將, 지장智將, 덕장德將 가운데 덕장을 으뜸으로 친다. 어질고 너그러운 인격을 지닌 상관에게는 모든 사람들이 자발적이고 진심어린 마음으로 따르기 때문이다.

42

세상에 안 되는 일은 없다

계속해야 하나? 포기해야 하나?

약대를 졸업하고 2년 동안 경험을 쌓은 후, 직접 약국을 경영하기로 작정한 청년 테드 허스티드Ted Hustead는 아버지가 돌아가시며 유산으로 물려준 3,000달러를 가지고 아내와 함께 약국을 차릴 터를 찾아다녔다.

허스티드가 약국자리를 고르는 데는 두 가지 기준이 있었다. 작은 마을에 살고 싶다는 것과 성당이 있었으면 하는 것이었다. 마침 사우스다코타 주의 월이라는 곳에 이 두 가지 조건을 충족시킬 약국이 매물로 나와 있었다.

기쁜 마음으로 가족들에게 그곳에 약국을 차려 보겠다고 말하자, 모두 반대를 하였다.

"그 마을은 너무도 외진 곳이에요."

"게다가 그곳 어디에서도 찾아보기 힘들만큼 하나님께 버림받은 곳일세."

하지만, 가족들의 반대에도 허스티드는 그곳이 마음에 들어 월 약국Wall Drugstore을 개업하였다. 1931년 12월에 개업하고 몇 달이 지났건만 장사는 엉망이었다.

그도 그럴 것이 이 작은 마을에 사는 사람이라고는 고작 326명, 그나마 전부 가난한 사람들뿐이었으며, 대공황과 가뭄 탓에 촌구석까지 밀려나 주저앉은 농부들이 대부분이었다.

"당신은 아직도 이 마을이 우리에게 적합한 곳이라고 생각하세요?"

"그럼."

아내의 물음에 대답은 했지만, 허스티드의 마음속에 회의가 드는 것은 어쩔 수 없었다.

"여보, 적어도 5년 정도는 우리가 이 가게를 운영해 봐야 한다는 생각이오. 그때까지도 일이 잘 풀리지 않으면 그땐, 그때는……."

의기소침하여 허스티드가 말을 더 듬거리자, 아내가 용기를 북돋아 주었다.

"그때 일은 걱정하지 말기로 해요. 지금이 좀 어려워서 그렇지, 그때는 틀림없이 잘 될 거예요. 한번 생각해보세요. 이제 조금만 있으면 러시모어 산의 기념물 공사가 끝난다고 해요. 그렇게 되면 사람들이 이곳을 끝없이 줄지어 지나갈 거고, 그러다 보면 우리 가게를 찾는 손님도 많아질 것이라고 나는 확신해요. 안 그래요?"

그러나 5년째 되던 1939년 여름이 다가왔을 무렵까지도 약국의 매상은 신통치 않았다. 그저 배를 곯지 않을 정도였고, 마을 외곽에 셋방을 얻어 살고 있는 형편이었다. 그동안 태어난 아이가 둘, 가족들의 고생이 너무도 심해 허스티드는 약국경영을 계속할 것인가, 포기해야 할 것인가 고민하고 있었다.

어떤 여건이든 성공할 수 있다

그러던 어느 일요일 아내가 한 가지 아이디어를 냈다. 오랜 시간 뜨거운 초원지대를 가로질러 온 여행객들은 목이 탈 것이고, 그들에게 얼음물을 무료로 제공하면 사람들이 약국으로 찾아올 것이라는 제안이었다.

그래서 가까운 고속도로변에 다음과 같은 글을 쓴 광고 표지판을 설치하였다.

> 청량음료 있습니다.
> 맥주도 있습니다.
> 다음 모퉁이에서 돌아, 바로 그 옆
> 16번, 14번 고속도로로 가는 길목.
> 얼음물은 공짜! 월 약국

미국의 약국은 요즘의 편의점과 비슷하다. 이 표지판이 나붙자마자 공짜 얼음물을 얻으려는 손님들이 눈코 뜰 사이 없이 몰려들었고, 얼음물만 얻어 가는 것이 아니라 필요한 물건들도 함께 사가는 것이었다. 그동안 손님이 없었던 한 칸짜리 월 약국은 나날이 번창하여 지금은 75,000제곱피트가 넘는 관광단지로 성장했으며, 연간 200만 명 이상이 찾는 명소가 되었다.

한 칸짜리 가게로 시작하여 500석이 넘는 대형 카페에 이르기까지 성공 신화를 창조한 허스티드는 다음과 같이 말한다.

"공짜 얼음물! 그것으로 우리 가족은 계속 장사를 할 수 있게 되었습니다. 내가 터득한 두 가지 교훈이 있습니다.

하나는 '하나님이 허락하신 땅이라면 그곳이 어디든지 간에 버려진 곳이란 절대로 있을 수 없다'라는 것입니다. 즉 우리는 모두 어디에 살고 있든지 성공할 수 있습니다. 왜냐하면, 우리는 다른 사람에게 다가가 그들이 필요로 하는 것을 제공해 줄 수 있기 때문입니다.

또 하나는 '우리가 다른 사람이 필요로 하는 것을 줄 때는 그들도 우리를 돕는다'라는 것입니다. 이 말은 우리가 남을 돕는 행위는 결국 자신을 돕는 것이나 마찬가지라는 뜻입니다."

월 약국의 창업자 허스티드가 작고하고, 장남 빌이 1965년부터 사업을 이어받으면서 사업은 더욱 활발해졌다.

빌은 월 약국의 성공비결을 다음과 같이 요약한다.

"우리는 이곳에서 다른 사람들을 섬기는 선한 사업을 벌이고 있는 거죠."

다른 사람들을 기쁘게 섬기는 선한 일이야말로 사업번창의 기본일 뿐만 아니라, 돈을 많이 번다는 것 이외에 참다운 인생의 행복을 얻는 길이 아닐까?

성공한 사람이 될 수 있는 기본법칙

샐러리맨으로 조직에서 인정받고 출세가도를 달리고 싶든, 사업을 시작하여 성공한 사업가가 되고 싶든 간에 성공한 사람이 되기 위해서는 몇 가지 지켜야 할 기본 법칙이 있다.

· 첫째, 희망과 신념을 지녀야 한다.

희망은 성공의 씨앗이며, 신념은 희망을 싹

틔우기 위한 힘이다. 신념이 없으면 희망은 극심한 환경 변화에 견디지 못하고 사라져 버린다. 따라서 희망을 반드시 실현할 수 있다는 믿음을 갖는 것이 무엇보다 중요하다.

· 둘째, 목적과 목표의 설정이 좋아야 한다.
대다수의 사람이 원대한 희망을 품고 자기 자신만의 이익을 추구하기 위한 목적을 설정하거나 막연한 목표를 설정으로 적당히 일하려고 한다. 그러나 조직 생활이나 사업은 많은 사람의 도움을 받지 않고서는 결코 성공할 수가 없다. 따라서 I'm Ok, You're Ok, 즉 나도 좋고 남도 좋은 목적의 설정과 더욱 분명하고 구체적인 목표를 설정해야 한다.

· 셋째, 지속적인 노력과 방법을 찾아야 한다.
아무리 좋은 목적과 분명한 목표가 설정이 되었어도 막상 실행을 해 보면 여러 가지 문제점이 발생한다. 대부분의 실패자는 문제가 발생하면 안 된다고 쉽게 포기한다. 그러나 성공한 사람은 문제해결을 위한 방법을 모색한다.

특히 인간관계의 백금률白金律은 실천이 중요하다. 과거 2,000년 동안 지배해온 황금률黃金律은 '네가 대접받고 싶은 대로, 상대를 대접하라'였다. 그러나 백금률은 '상대가 원하는 방법으로, 상대를 대접하라'라는 것이다. 황금률은 자기본위自己本位이지만, 백금률 상대본위相對本位로 상대의 입장을 생각하고 일을 처리하는 것이다.

허스티드가 손님들이 가장 필요로 하는 얼음물을 공짜로 먼저 주고 나서야 자신 또한 이익을 얻었듯이, 백금률의 실천이야말로 성공의 척도라고 할 수 있다. 세상에 안 되는 일은 없다. 다만, 안 된다고 불평하는 사람, 안 된다고 포기하는 사람이 있을 뿐이다.

43

고객창조가 성공을 만든다

세계 제일의 은행을 만든 사나이

"어떤 사람이든 은행 업무에 관련을 가질 수 있는 자격이 있으며, 또 은행은 어떤 사람에게나 서비스를 제공할 의무가 있습니다. 그런데도 우리 조합은 일반 대중은 상대도 하지 않고 있습니다. 나는 여러분과 작별을 하고 대중을 위한 은행을 만들어 보이겠습니다."

콜럼버스 저축조합의 중역회의에서 이렇게 외치고 사표를 던진 쟈니니는 '뱅크 오브 아메리카'의 창설자이다.

쟈니니는 자기가 사는 도시에 인구가 급격

하게 증가하는 것에 관심을 뒀다. 이주자의 대부분은 생계가 곤란한 사람들이라 은행에서는 상대도 해주지 않았다. 그러나 쟈니니의 생각은 달랐다.

'이만큼 인구가 늘어나 지역사회로 발전한다면, 이들 가난한 사람 중에서 머지않아 성공한 사람이 많이 나올 것임이 틀림없다. 그렇다면, 아직은 보잘것없는 예금밖에 할 수 없는 사람들일지라도 지금 고객으로서 대우하고 적극적으로 원조해주면, 틀림없이 가까운 장래에 큰 고객이 되어 줄 것이다. 고객을 창조하는 것이다.'

쟈니니는 뜻을 같이하는 동지들을 모아, 샌프란시스코에 15만 달러의 자금으로 '뱅크 오브 이탈리아'를 창설하였다.

은행을 설립한 쟈니니가 맨 처음에 행한 것은 다음과 같은 호소였다.

"소액의 예금자나 상대의 이익을 존중하는 것이 우리 은행의 경영방침입니다. 우리 은행은 규칙적으로 예금을 해주는 근로자나 이제부터 사업을 서서히 발전시키려고 마음먹고 있는 중소기업 여러분이 제일의 고객입니다.”

이렇게 호소를 한 뒤에 쟈니니는 한 계좌에 25달러라는 전대미문의 소액대부를 했다. 그때까지 다른 은행에서는 한 계좌에 100달러도 대출해주는 일이 없었다. 그런 만큼 한 계좌에 25달러의 반향은 컸다. 은행과는 인연이 없는 듯이 생각되었던 시민들이 몰려들었던 것이다.

쟈니니는 소액대부 외에 이민 온 사람들에게 융자도 시작하였고, 주택을 담보로 잡고 돈을 빌려주는 등 새로운 방법을 실시해 갔다. 또한, 어린이들을 ‘은행의 젊은 친구’라고 부르며 대하자 아동예금의 실적이 70만 달러를 돌파하여 다른 은행을 깜짝 놀라게도 했다.

1906년 샌프란시스코는 대지진을 만나 수많은 난민이 생겼다. 쟈니니는 이 비참한 상황을 보고 즉시 그들의 구제와 부흥에 힘이 되어 주었다.

"불탄 자리에서 힘차게 재건하려는 의지가 있는 분이면, 어느 분이든 재건자금을 긴급대출해 드리겠습니다."

이 호소는 다른 은행들이 난민을 외면하고 있던 당시에 큰 반향을 불러일으켰고, 사람들은 앞다투어 쟈니니의 은행으로 달려와 감사의 소리를 높이면서 재건자금을 빌려 갔다.

이렇듯 고객창조의 기수인 쟈니니는 1930년에 '뱅크 오브 아메리카'로 개칭을 하고, 1945년 세계 제일의 은행으로 우뚝 서게 된다.

사업 성공의 비결은 고객창조에 있다

시대를 떠나 사업 성공의 비결은 고객창조에 있다. 고객창조는 자칫 도전적이고 혁명적인 느낌이 들지만, 새로운 손님을 끌어들이고 기존의 고객을 잘 관리하는 것이다.

그러기 위해서는 물론 상품이 좋아야 한다. 그러나 이제는 상품만으로 고객을 만족시킬 수는 없다. 남다른 아이디어와 서비스가 뒤따르지 않으면 안 된다.

서울 중구 저동 뒷골목에 '설미옥'이 라고 하는 유명한 음식점이 있다. 이 집의 대표적인 음식은 설렁탕이지만, 설렁탕보다 더 유명한 것은 주인 문금순 씨이다.

문금순 씨의 남편은 1960년대의 영화제작자로서 유명했던 극동영화사 차태진 사장으로 우리나라 영화사에 획을 그은 분이지만 이재 관리에는 밝지 못했다고 한다.

그래서 부인인 문금순 씨가 생계유지를 위해서 34년 전에 시작한 것이 '설미옥'이다. 처음 시작할 때는 누구나 그렇듯이 굉장한 목표와 열정으로 시작하였지만, 살림만 하던 주부에게 음식장사란 결코 쉬운 것이 아니었다.

'어떻게 해야 장사가 잘될까?' 하고 고심하던 어느 날, TV에 요식업으로 크게 성공을 한 할머니가 나와서 인터뷰하는 것을 보게 되었다.

"성공의 비결은 무엇입니까?"

사회자의 질문에 할머니가 대답을 하였다.

"손님을 서방같이 모시는 것이야."

순간 문금순 씨는 깨달은 바가 있어서 종업원들을 모아 놓고 '고객만족을 위한 식당을 만들자!'라고 선언하고 몸소 실천해 나갔다.

음식을 맛있게 하기 위한 노력은 물론이고, 손님 수준에 맞는 대화를 위해 새로운 정보와 교양을 갖추려는 노력과 더불어 다른 사람을 위한 봉사 활동도 열심히 했다.

음식이 맛있고, 친절하고 대화가 통하는 주인이 있는 음식점이라면 손님이 몰릴 것은 당연하다. 문금순 씨는 다음과 같이 말한다.

"'손님의 마음에 든다'라는 것은 서비스가 좋다는 말입니다. 서비스란 상대를 기분 좋게 하는 것이기 때문이지요."

무한 경쟁의 생존전략은 고객창조

루디 피터슨이라는 미국인 사업가가 스톡홀름의 그랜드 호텔에 투숙하고 있었다.

어느 날 그는 동료와 함께 스칸디나비아공항을 이용하여 코펜하겐을 가기 위해서 스톡홀름 북쪽에 있는 알란타 공항으로 향하였다.

여행 일정은 하루였지만, 사업상 아주 중요한 약속이 있었다.

공항에 도착하여 좌석을 받으려고 주머니에서 항공권을 꺼내려던 피터슨은 당황하였다. 호텔방 탁자 위에 항공권을 놓고 온 것을 뒤늦게 깨달았기 때문이다. 항공권이 없으면 비행기를 탈 수 없음은 물론이고, 코펜하겐에서의 중요한 약속도 지킬 수 없게 되었다.

모든 것을 포기하고 되돌아가려다가 혹시나 하는 생각에 항공사 직원에게 사정을 설명하였는데, 너무나 뜻밖의 대답을 얻게 되었다.

"손님, 걱정하지 마십시오. 탑승할 수 있도록 조치를 취해 드리겠습니다. 그랜드 호텔의 객실만 알려주시면 나머지 문제는 저희가 모두 해결해 드리겠습니다."

너무나 뜻밖의 이야기에 피터슨은 놀라움을 금치 못하면서 안도의 한숨을 쉴 수가 있었다.

항공사 직원은 즉시 호텔 직원과 통화를 하

여 피터슨의 항공권을 확인하였고, 항공권을 공항으로 가져오도록 조치를 취하였다. 이 모든 일이 너무나 빠른 시간에 이루어져 코펜하겐행 비행기가 떠나기 전에 항공권을 되돌려 받을 수가 있었다.

무한경쟁의 세계화 시대에 생존전략은 고객창조이다. 고객이 없는 사업은 존재할 수가 없다. 이제 고객은 왕이 아니라 신神이 되었다. 고객을 신처럼 받들어 모실 때 성공의 대열에 들어서게 된다.

44

샐러리맨은 출세욕에 산다

억울하면 출세하라

'억울하면 출세하라'라는 말이 있다. 출세는 샐러리맨 사회의 이정표이다. 권력이나 금전, 명예에 대한 욕심은 샐러리맨과는 거리가 먼 공염불에 불과하다.

성공을 겨냥한 샐러리맨이 채울 수 있는 유일한 욕망은 출세에 대한 욕망이다. 세상의 모든 사람들이 성공에 일생을 걸고 정열을 불태우며 일을 하고 있다면 지나친 표현일까?

타임 레코드를 누르지 않고 조직에 반항했던 스즈키 겐지는 일본 NHK 아나운서 출신으로 현재 구마모토 현립 극장의 관장으로 있다.

스즈키 겐지는 빠른 말과 억센 억양에도 일본 제일의 아나운서이자 사회자, 저술가로 활동하여 저명인사가 된 사람이다.

겐지의 나이 서른두 살 때, 눈 코 뜰 새 없이 방송에 정열을 불태웠다. 근무시간은 일주일에 100시간 이상, 조직 내의 노동 시간과는 도저히 비교할 수 없는 업무량이었다. 야간근무와 출장을 밥 먹듯이 한 겐지의 가장 큰 애로사항은 타임 레코드를 찍을 수가 없다는 것이었다.

그래서 겐지는 타임 레코드를 누르지 않는 대신 시간 외 근무수당도 일절 받지 않았다. 개인적으로는 엄청난 희생이면서도 스스로는 조직에 대한 '서비스의 하나'라고 생각했다.

세상에 남다른 노력 없이 성공하는 사람은 하나도 없듯이, 스즈키 겐지의 노력은 한낱 아나운서에서 저명인사로 만들었던 것이다.

세상에는 출세라는 말에 저항감을 느끼거나, 출세하려고 노력하는 사람에게 출세욕이 강한 사람이라고 손가락질하는 이도 있지만, 실제로 출세욕이 없다면 거세 당한 돼지 꼴이나 다름없지 않을까?

적어도 야심에 찬 젊은이라면, 성공을 이루려는 사람이라면 출세에 대해서 소극적인 방관자가 되어서는 안 된다.

직장은 놀이터가 아니다

"요즘 재미가 어때?"

"그저 그렇지, 뭐……."

얼마나 재미없는 세상이면 인사말에서조차 재미를 찾을까? 특히 자기 직업에 재미를 느끼면서 일하는 사람은 과연 얼마나 될까? 어떤 회사, 어떤 관청이든 직장은 재미있는 오락실이 아님은 분명하다.

만약 직장이 재미있는 곳이라면 사장은 매일 아침 현관 앞에 서서 출근하는 사원들로부터 입장료를 받을 것이 분명하다. 그런데 월급에 보너스까지 주면서 일을 시키고 있으니 그 일이 재미있을 리가 없지 않은가?

그렇다고 따분하게 시간이나 때우면서 "재미없어!"만을 연발할 수는 더욱 없는 노릇이다. 재미란 느낌이다. 똑같은 사실도 누가 어떻게 느끼느냐에 따라 그 강도는 달라진다.

직장에서 일을 즐겁게 할 수 있느냐 없느냐가 출세의 갈림길이라면 당신은 어떤 길을 선택할 것인가?

남들처럼 제대로 일을 잘하지도 못하는 주제에 시시하고 재미없다는 기분만을 내세울 수는 없으리라.

남아메리카로 이민을 한 한국인들 중 대다수가 첫 이주지에서 "여기는 토지가 좋지 않군" 하며 다른 지역으로 이주했지만, 그들은 점점 더 고생이 심해져 결국 소상인으로 전락한 사람이 많았다. 그러나 첫발을 내디뎠던 황무지에 뿌리를 내리기 위해 현지인들에게 참을 수 없는 무시와 천대를 받으면서도 끈질기게 노력했던 사람들이 결국엔 대성공을 거두었다고 한다.

성공을 향한 출발은 누구나 똑같다. 운동회

때의 달리기 경주를 하는 것처럼, 출발선 앞에서 "준비, 땅!" 하는 신호와 함께 젊은 샐러리맨들은 뛰기 시작한다. 그런데 그 중에서 등수가 매겨짐을 어쩌랴.

젊은이들의 가장 큰 병폐는 '장래가 구만리 같다'라는 시간적 여유로 말미암아 한 가지 일에 몰두하지 않고, 새 출발의 반복을 일삼는 것이다. '우물을 파도 한 우물을 파라'는 말이 있다.

기존에 쌓인 두꺼운 벽, 출세를 시험하는 장애의 벽은 그렇게 높지만은 않다. 진정한 의미의 재미는 시련과 난관을 극복한 뒤의 휴식이 아닐까? 일이 곧 재미가 되는 사람은 반드시 성공한다.

30대의 비즈니스는 잡화상이다

"내 전공에 맞는 일을 시켰으면……."

"하나만 하라면 좋겠는데, 북 치고 장구까지 치라니……."

30대까지의 비즈니스는 백화점이나 슈퍼마

켓과 같다. 잡다한 일이 진열되어 있으므로 그 전부를 소화해 내야 한다.

취사선택은 아직 이르다! 물에 젖은 걸레처럼 혹사당할 것을 각오하고 두 팔을 걷어붙이고 닥치는 대로 해내는 자세가 무엇보다 필요하다. 편안하고 쉬운 일만을 생각해서는 안 되며, 30대의 일이 편안했다면 당신 인생은 이미 승부가 난 것이나 다름없다.

주어진 일에 충실해라! 일을 골라 가며 하지 마라!

편식을 하는 아이는 쇠약해지게 마련이다. 토끼가 자랄 때는 씀바귀며 클로버, 아카시아 잎 등 이것저것 가리지 않고 골고루 먹어야 튼튼하게 성장한다.

인간에게는 하고 싶지 않은 일, 자기의 성격에 맞지 않는 노동도 많이 있다. 원래 일이라고 하는 것은 귀찮은 것투성이다.

이상하게도 예로부터 성공한 위인이나 영웅들은 잡일을 정리하는데 뛰어났다. 역사를 바꿀 만한 대사업을 하고 있으니까 작은 일에는 구애받지 않을 것이라고 생각할지 모르지만 사실은 그 반대이다. 그들은 작은 일에서 큰일을 해내는 지능의 소유자들이었다.

나폴레옹은 대포의 명사수였으며, 카네기는 가마솥에 불을 때는 것으로 첫 직장에서 인정을 받았다. 그리고 행상行商에서 출발해 많은 호텔을 거느린 힐튼은 세밀한 곳까지 신경을 썼으며, 포드 자동차를 설비한 포드는 시계수리공이었다.

30대의 비즈니스맨에게 가장 필요한 정신자세는 어떤 일이라도 싫어하지 않는 것이다. 다소 덤벙거리며 일에 휘감기면서도 자기를 잃지 않는 주인공이어야 한다.

출세를 받아들이는 승진의 태도

30대에는 작으나 크나 승진의 기쁨도 맛보게 된다. 사원에서 주임, 계장, 과장 등의 직위가 붙는다.

성공을 지향하는 샐러리맨에게 승진을 통

해 비로소 출세의 길이 열리는 셈이다. 출세라는 하나의 욕망이 채워질 때 사람은 그 본성이 드러나는 법이다.

출세를 받아들이는 승진의 태도에는 각양각색이 있다.

· **엘리트파**

엘리트라고 불리는 사람은 감동을 겉으로 잘 드러내지 않는다. 속으로는 '됐구나' 하고 생각하지만 사령辭令을 듣고서도 "고맙다"라는 말뿐, 주위로부터 축하인사를 받아도 덤덤하고 오히려 쑥스러워 한다. 그에게 출세는 이미 당연한 코스로 되어 있으며 특별히 의식할 문제는 아니었다.

축하의 말에 들뜨기보다는 오히려 적의에 찬 시선으로 자신을 바라보는 선배나 동년배의 수를 재빨리 파악한다. 엘리트가 갖는 독특한 집념과 냉정함이다. 엘리트에게는 타인에 대한 이런 엄한 분별이나 뛰어난 교양, 약간 독특한 견해나 사고방식이 그를 베

일에 싸이게도 한다.

· **감격파**感激派

단순한 성격의 소유자로 상사나 동료에게 축하의 인사를 받으면 한 사람씩 손을 잡으며, “고맙다”라고 계속 고개를 꾸벅거린다. 이런 유형은 학창시절에도 성적이 별로 좋지 않았다. 그러므로 승진을 했다는 만족감이 엄습하는 까닭이다.

이런 유형은 회사에 충실하여 부리기가 쉽고, 잘 따르는 인간이다. 상사는 윗사람으로서 우월감을 가질 수 있으며, 부하에게는 자기와 별로 차이가 나지 않는 사람이라는 친밀감을 주게 된다. 그러나 감격파는 많은 사람이 좋아하기는 하지만 결코 정상을 정복할 수 있는 인물은 못 된다.

· **중간파**中間派

예의가 바르고 착실한 사람으로서 전형적인 샐러리맨이다.

"이번에 총무과장이 되었습니다. 앞으로 잘 부탁합니다."

다른 부서에까지 한 바퀴 돌면서 그 부서의 신입사원에게도 정중히 머리를 숙이는 사람이다.

이런 유형의 사람이 회사로서는 가장 믿음직스럽다. 주어진 직분에 충실하고 새로운 제안은 못 하지만 회사방침에 잘 따르며 엉뚱한 짓은 절대로 하지 않는다.

조직은 사람을 착각하지 않는다.

첫 승진에서 엘리트로 인정을 받은 사람은 대개 조직의 스타가 되기 쉽다.

사람은 누구나 일종의 긴장감과 책임감이 생기게 마련이다. 그래서 더욱 자신을 연마하기 때문에 건강을 해치거나 결정적인 실수를 하지 않는 한, 탁월한 솜씨를 발휘하여 스타의 자리에 오른다.

마치 미녀가 뭇 시선을 의식하고 얼굴뿐만 아니라 스타일과 일거수일투족 모두 아름답게 가꾸는 것과 마찬가지이다. 한편, 아름답지 못한다면 어차피 누구 하나 거들떠보지 않으니까 모든 것이 '아무래도 좋다'고 생각하여 미녀와의 차이가 점점 벌어지는 것과 같다.

초등학교 1학년 때의 반장이 계속 반장을 하듯이, 첫 승진에서 엘리트로 인정받는 사람이 출세가도를 달리는 것은 당연할 수 있다.

조직은 노력하는 사람, 능력 있는 실력자만을 우대한다.

엘리트가 승진을 하면 일단 '똑똑하고 뛰어난 사람'이라고 생각하기 쉽다. 그러나 그것은 어디까지나 과課나 부部 등 작은 조직 안에서의 견해이며, 조직이 크면 클수록 다른 부서에 더 뛰어나고 빠른 엘리트가 얼마든지 있을 수 있다.

인생의 승리자가 되려면 적어도 우월감과 책임감, 노력과 재능을 겸비하고 끊임없이 자기 계발을 해야 한다.

엘리트는 정상을 정복하기 위해 절벽을 기

어오르는 등산가처럼 안간힘을 다하는 '결코, 실수할 수 없는 사람'이어야 한다.

어느 시대, 어느 사회이건 역사가 증명하고 있듯이 실력에 의한 승리자는 항상 그 목숨이 위태롭다. 힘에 의한 행복은 불행과 등을 맞대고 있기 때문이다.

그래서 인간관계라고 하는 또 하나의 절대 조건이 필요한 법이다. 순간적인 아첨이 아닌 성실한 인간관계의 재능을 만들어 나갈 때 비로소 당신은 진정한 의미의 출세를 이룰 것이다. 세상은 결코 당신의 능력을 쉽게 인정해 주지 않는다.

45

우물을 파려거든 한 곳을 파라

좌절한 엘리트가 빠지기 쉬운 함정

"아유, 이놈의 지긋지긋한 월급쟁이 신세를 언제나 면하나? 다 집어치우고 구멍가게라도 하나 차릴까? 작으나 크나 내 사업을 해야 속이 편하지."

샐러리맨이라면 누구나 한두 번쯤은 생각하는 말이다.

또 우리 주위에는 일찌감치 월급쟁이 생활을 청산하고 보란 듯이 사업에 성공한 사람도 적지 않다.

"아니, 이번 인사에서도 재수 없게 나만 빠

졌잖아. 빌어먹을! 좋아, 이놈의 직장 생활은 이제 그만둬야지. 설마 산 입에 거미줄이야 치겠어!"

분한 마음에 독한 결심을 하고 사표를 내는 사람이 해마다 늘어나고 있다.

그러나 한 가지 중요한 사실은 현재의 직업이 재미없거나 뜻대로 안되기 때문에 사표를 낸다면 스스로 무덤을 파는 위기에 봉착하게 된다.

남들처럼 제대로 일을 해내지도 못하면서 시시하다는 이유만으로 불쑥 직장을 그만둔다고 갑자기 그럴듯한 일거리가 생기는 것은 아니다.

'설마 산 입에 거미줄이야 치겠느냐?'

이런 생각을 하겠지만 사표를 낸 다음날로부터 별수 없는 실업자 신세가 되고 만다. 또 월급쟁이가 싫다고 해서 퇴직금을 받아다가 조그마한 구멍가게를 하나 내고 쭈그리고 앉아 있다면 누가 성공했다고 하겠는가?

내가 잘 아는 모 기업체의 간부 한 사람은

자타가 공인하는 실력자였다. 그런데 인사 발령의 결과 불행히도 자기보다 못한 동료가 중역으로 승진되고 자신은 빠지고 말았다. 평소에 일보다는 약삭빠른 처세에 능한 동료에게 승진의 기회를 새치기당한 이 실력파 간부는 분한 마음에 샐러리맨의 유일한 특권인 사표를 내고 말았다.

주위 사람 모두가 만류했지만, 당당하게 사표를 집어던졌다. 그러나 노는 것도 하루 이틀이지, 한 달이 지나고 6개월이 지나자 초조함과 불안을 느낄 수 있었다.

점점 자라는 아이들의 뒷바라지와 근심 어린 아내의 얼굴을 생각하니, 뭔가 미안한 마음이 들어 다시 회사에 다니기로 작정했다. 하지만, 평소에는 여기저기서 오라는 곳이 많았는데, 막상 회사를 그만두고 나니 그것도 여의치 않았다. 그렇다고 전에 다니던 회사보다 못한 곳은 자존심이 허락하지를 않아 진퇴양난에 빠져 있다.

끈기는 성공으로 이어지는 동아줄

탈脫 샐러리맨이 갖는 성공은 호구지책은 물론이고, 샐러리맨의 출세에 버금가는 무엇인가를 획득하지 않으면 안 된다. 즉 돈이냐, 명예냐 아니면 사회를 위해 일하는 어떤 사명감이나 봉사심 같은 것이 없어서는 한낱 웃음거리에 불과하다.

'우물을 파도 한 우물을 파라!'는 말도 있듯이, 지금 갖고 있는 직업, 지금 나가는 직장에서 더욱 박차를 가해서 열심히 일하는 것이 바로 성공의 지름길이다. 기분으로 일을 하고 안 하기에는 사회적 책임의 무게가 너무 크지 않는가?

'실패자의 대다수는 성공하기 직전에 포기한 사람들이다.'

나폴레온 힐 박사가 발표한 조사결과는 대단한 시사성이 있다.

대다수 재능이 있는 사람들의 가장 큰 병폐는 끈기가 없다는 것이며, 재능이 있기 때문에 '새 출발의 반복'을 일삼는다.

승부 근성이 강했던 영웅 나폴레옹은 '최후의 승리는 가장 끈기 있는 자에게 돌아간다.'라고 말했다.

샐러리맨치고 승진이나 남다른 대우를 받기 싫어하는 사람은 아마 이 세상에 한 사람도 없을 것이다. 왜냐하면, 샐러리맨의 성공 목표가 '승진'이나 '보수'이기 때문이다. 특히 장長이라는 직책 위주의 동양사회에서는 승진이라는 문제에 말초신경을 곤두세울 수밖에 없다.

그렇다면, 어떻게 해야 남보다 빠른 승진, 남보다 많은 보수를 받을 수가 있을까? 그 해답은 '남보다 많이, 그리고 열심히 지속적으로 일하라!'라는 것이다.

미국의 그린버그라는 사람이 18만 명의 사람들을 상대로 조사한 결과는 그 중 80퍼센트가 매일 매일의 일을 '재미없게 때우기 식'으로 수행을 하고 있다는 사실이 밝혀졌다.

또 '금요일 이후로는 일할 기분이 좀 난다'라고 하는 사람과 '퇴근시간을 알기 위해서 시계를 차고 다닌다'라는 사람이 전체 80퍼센트였다는 사실은 무엇을 말하고 있는가? 대부분의 사람은 시간가는 줄을 모르고 열심히 일하는 일꾼이 아니라, 퇴근 시간만을 기다리는 게으름뱅이라는 의미이다.

열심히 일하는 사람, 쑥쑥 커지는 나무는 시간의 빠르고 느린 차이는 있을망정 반드시 사람들의 눈에 띄는 법이다.

위기를 기회로

K 산업의 서徐 과장은 소신대로 밀고 나가는 저돌적인 사람이었다. 그러다 보니 여기저기서 시비와 제동을 거는 동료와 상사가 있었다. '모난 돌이 정 맞는다'라고 급기야는 억울하게 좌천을 당했다. 인사 담당자로 성실하게 일하던 그가 보이지 않게 한직으로 물러나게 되었다.

'언젠가는 흑백이 가려지겠지.'

그러나 모든 상황은 그에게 기회의 여지도 주지 않고, 자신을 신임했던 사장마저도 모르는 척했다.

'내가 마찰을 일으키고 잡음을 낸 것은 사실이다. 그러나 그것은 어디까지나 회사를 위해서 한 것이지 나를 위해서 한 것은 아니었어. 그런데 지금 내 꼴이 뭐란 말인가?'

그는 사표를 내고 싶은 마음이 굴뚝같았지만, 지금 그만두면 틀림없이 말이 많을 것은 뻔했다.

"저 친구, 설치더니 끝내 물먹고 잘렸군."

그것이 듣기 싫어서 눈물을 머금고 기회의 칼을 갈았다.

"좋아, 다시 공부를 시작하자!"

한직의 장점을 살려서 어학공부를 시작했다. 그것도 아무도 거들떠보지 않던 아랍어를 착수했다.

근무가 끝나기가 무섭게 학원으로 달려가서 열심히 공부하고, 근무시간에도 틈만 있으면 아랍어를 익혔다. 1년 가까이 공부했을 때, 우리나라 기업이 본격적으로 중동에 진출하게 되었다.

K 산업의 건설회사에서도 중동에 진출하려 하니 아랍어를 할 수 있는 사람이 필요했다. 물론 다른 회사들도 마찬가지였다.

그때 추천을 받은 사람이 서 과장이었다. 그 동안 눈물을 머금고 비장의 무기를 갖추어 온 서 과장이 드디어 사장 앞에 발탁되었다.

"자네가 언제 그렇게 아랍어를 익혔나? 중동으로 좀 나가 줘야겠네."

얼마나 기다렸던 순간인가! 그러나 서 과장은 사장을 똑바로 바라보며 말했다.

"사장님, 저는 그동안 회사를 위해서 최선을 다했습니다. 무사안일에 빠진 친구들에겐 독주로 보였을지 모르지만 저는 사심 없이 공적으로 행동했습니다. 재판 과정에서도 피의자의 말을 들어준다는데, 그 당시 사장님은 저에게 기회도 주지 않으셨습니다. 이제야말로 제가 사표를 내야 할 때가 된 것 같습니다."

사장은 그의 손을 덥석 잡으면서 사정을 했다.

"정말 자네를 볼 면목이 없네. 그러나 늙은

내가 이렇게 부탁을 하지 않는가. 회사를 위해서 한 번 더 일해 주게나."

그는 중동으로 나갔다. 그동안 다른 기업에서 오라는 유혹도 뿌리치고 숨은 실력을 쌓은 결과 전화위복이 된 셈이다.

방법론적 사고자가 승리한다

좌천이 되더라도, 승진의 기회가 늦어지더라도 결코 절망을 하거나 포기해서는 안 된다.

> "우리들의 최대 영광은 한 번도 실패하지 않는 것이 아니라, 쓰러질 때마다 일어나는 점에 있다."
>
> –골드스미스

실패를 얻고 일어설 줄 아는 자만이 승리의 영광을 차지한다. 또한, 역경을 인내와 노력과 정성으로 뒤엎을 수 있는 것이 바로 인간이다.

'굳게 먹은 마음은 바위라도 뚫는다'라는 속

담처럼 일시적으로 실망이 크더라도 하던 일을 계속하는 것이 지혜로운 사람의 행동이다.

우리는 종종 이런 사람을 발견한다.

"사장님, 저를 승진시켜 주십시오. 그러면 더욱 열심히 양심적으로 일하겠습니다."

그러나 먼저 열심히 일한다면 승진의 기회는 저절로 오는 것이 아닐까?

"성공한 사람이 되려면 조건부 사고자條件附思考者가 되지 말고, 방법론적 사고자方法論的 思考者가 되어야 한다."

–노만 빈센트 필

조건부 사고자란 어려움이나 역경에 대해서 한숨만 짓는 사람들이다. 자신의 실패에 대해서 연속적으로 핑계나 구실을 대고, 아니면 합리화시키길 좋아하는 사람들로서 실패자가 많다.

이에 반해서 방법론적 사고자는 고민이나 재난이 발생하여도 이미 지나간 과거 문제로 정력을 낭비하기보다는 즉시 가장 좋은 해결책을 찾는 지혜로운 사람들이다.

성공한 사람의 대다수는 방법론적 사고자들에게서 나왔다는 사실을 기억해 두자.

새로운 방법을 찾기 위한 노력이 중요

인간의 능력발휘는 자기 확신에서 나오는 것이며, 성공은 타인의 관점을 잘 포착하여 자신의 처지에서 새로운 방법을 모색해 내는데서 얻어지는 대가이다.

생산직 말단 사원에서 그룹 상무까지 오른 윤생진 씨는 고등학교를 졸업하고 금호타이어 광주공장의 생산직 노동자로 입사했다. 작업 현장에서 고된 일을 하면서도 모든 것에 '최고가 되겠다'라는 결심을 했다. 그리고 현장의 문제점들을 하나 둘씩 발견하고, 개선할 수 있는 방법을 연구해서 제안하기 시작했다. 그가 제안한 것만도 자그마치 2만여 건이나 되는데 괄목할 만한 것은 연간 타이어를 2만

개나 더 만들어 낼 수 있는, 그리고 4명이 한 조가 되어 가능한 작업을 한 사람이 할 수 있는 아이디어 등이 있다.

윤생진 씨는 입사한 1984년부터 지금까지 4시간 이상 잠을 자거나 10분 이상 TV 드라마를 본 적이 없다고 한다. 왜냐하면, 그 시간에 더욱 나은 방법을 연구하기 위해서 공부를 해야 했기 때문이다. 그 결과, 공장 생산직 노동자에서 금호그룹 전략경영본부 상무로 발탁되었다.

윤생진 씨가 성공한 사람이 되기까지 바탕이 된 것은 높은 학력도, 뛰어난 머리도 아니었다. 다만, 열심히 노력하고, 연구해 쌓은 업적과 남다른 창의력 때문이었다.

세상의 모든 일에는 무한한 방법이 있다. 그 방법을 조금씩 변형시켜서 더욱 나은 방법으로 만드는 것이 성공의 지혜이다.

46

샐러리맨의 생존전략

강 건너 불인가, 발등의 불인가?

우리나라의 샐러리맨이 요즘처럼 수난을 당하는 때도 일찍이 없었던 것 같다. 특히 40대 이상의 샐러리맨들은 좌불안석이다. 가정에서는 부모에게 효도하는 마지막 세대이고 자녀에게 버림받는 첫 번째 세대이며, 직장에서는 상사에게 충성하는 마지막 세대이고 부하에게 도전받는 첫 번째 세대이기 때문이다.

게다가 한술 더 떠서 IMF 관리 체제 이후, 평생직장이라고 믿었던 직장에서 어느 날 갑자기 '명예퇴직'이라는 허울 좋은 선고를 받고 새로운 일거리를 찾아서 방황하는 이들이 얼마나 많은가?

"저는 20여 년 동안 한 직장에서 열심히 일하면서 인생을 걸어왔습니다. 그런데 이게 웬 날벼락입니까? 내가 명예퇴직을 당해야 하다니요. 앞으로 어떻게 살아가야 할지 막막하기만 합니다."

첨단기계의 도입으로 자기의 기술은 이미 쓸모가 없어진 사람, 아무런 장기長技도 없이 성실하게 일해 왔는데 전문가만 필요로 하는 세상이 되어 갈 곳이 없어진 사람, 나이 50밖에 안 되었는데 노인 취급을 받아 밀려나야 하는 사람 등에게 듣기 좋게 권고사직을 시키는 것이 명예퇴직이다.

"에이, 그까짓 것 장사라도 해보지."

하지만, 장사라고 아무나 맨손으로 힘 안 들이고 할 수 있는 일이던가?

특별한 연줄도 없고, 자금도 부족하고, 방법도 잘 모른다면 어떤 사업을 해도 실패할 수밖에 없다. 세상은 부족한 인간이 성공할 만큼 그렇게 허술하지가 않다.

세상은 바뀌었다. 샐러리맨의 전성 시대도 이제는 끝났다. 감원이나 전근은 이미 강 건너 불이 아닌, 발등의 불이 된 셈이다.

현대 사회는 무한 경쟁의 세계화 시대에서 살아남으려고 치열한 기업 전쟁을 치르고 있다. 이런 절박한 상황에서 복지부동하고 자리만 지키는 샐러리맨은 더는 살아남을 수가 없다.

인간은 사회적 동물이다.

사회적 동물인 이상 환경의 변화를 이해하고, 상황의 변화에 대응하면서 살아가지 않으면 안 된다.

과거의 실적만으로는 생존할 수 없다

어느 기업의 인사담당자가 한 말이 생각난다.

"사원의 수명은 기껏해야 20년입니다. 입사한 지 20년이 지나면 연공서열로 급료는 높고 작업능률은 떨어져, 회사에 이득보다는 손실이 많습니다. 부장 한 사람 급료로 세 사람의 젊은 사원을 고용할 수가 있으니까요."

회사에 충성하던 시대는 이제 끝났다는 얘기다. 샐러리맨의 이상이었던 종신고용은 이 땅에 정착하기도 전에 신기루가 되고 만 것이다.

그래도 젊은 시절, 고도성장의 주역으로 가정도 돌보지 않고, 자기의 몸과 마음마저 희생해 가며 열심히 일해 온 중년 샐러리맨들은 할 말이 많을 것이다.

"지금까지 회사를 위해서 기여를 많이 했으니까 현재는 크게 도움이 되지 않는다고 해도, 그에 상응하는 대가를 주는 것은 당연하지 않은가?"

"나에게는 곧 결혼시켜야 할 딸과 고3이 되는 아들이 있기 때문에 돈이 많이 든다. 급료를 적게 받을 수는 없어."

공무원의 연금제도와 같이 과거에 일을 많이 해서 회사발전에 이익을 주었으니 이제는 보상받고 싶어하는 마음은 이해가 간다. 그러나 '사상 최대의 경기 침체다' '소프트 사회다' '국가가 부도난다'라고 하는 지금은 능력이나 기력이 열세인 중년 샐러리맨을 위해 한가롭게 정년까지 높은 급료를 지급할 만큼의 여유가 있는 회사는 없다. 아니 여유가 조금은 있다고 하더라도, 5년이고 10년이고 먹여 살리는 한가로운 회사가 무한경쟁의 기업전쟁에서 과연 살아남을 수 있을까?

회사에 몸담고 있으면서도 실적 없이 급료나 받는 재사연금在社年金의 사원들이 많으면 많을수록 그 기업은 약체가 될 수밖에 없다.

회사가 필요로 하는 샐러리맨의 조건

기업을 강하게 만들고, 샐러리맨의 생존경쟁에서 살아남기 위해서는 누구나 꼭 갖추어야 할 몇 가지 조건이 있다.

· 첫째, 장기長技를 사진 전문가가 되어야 한다.

비즈니스의 세계화, 전산화는 업무를 복잡

하게 만들고 있으며, 업무가 다양화되면 될수록 그 일에 전문가가 있어야 한다. 장기란 어느 분야에서 절대적인 전문기술을 말하는데, 장기를 갖지 못한 샐러리맨은 격변의 시대에 회사가 필요로 하는 사원이 될 수 없다.

· **둘째, 사외社外로부터 인정받는 인재가 되어야 한다.**

사내社內 평가는 아무래도 연공서열 색채가 강하며 상대적이기 때문에 별 차이가 없다. 그러나 사외 평가는 그 사람의 실적을 있는 그대로 평가하기 때문에 많은 차이가 난다.

· **셋째, 외부와 연락망을 갖고 최신 정보로 무장을 하여야 한다.**

비즈니스 사회가 복잡해짐에 따라 기업도 다양성을 갖게 되었다. 거기에 대응하는 인간도 다양한 가치관과 직업관을 갖지 않으면 안 된다. 따라서 회사 내의 정보만으로는 이제 불충분하다. 외부와 다방면으로 연락망을 갖고 더욱 많은 정보를 얻어 비즈니스에 활용하는 샐러리맨이야말로, 회사가 꼭 필요로 하는 사람이라고 할 수 있다. 격변과 각축의 세계화 시대에 최대 문제는 사폐증社閉症에 걸린 사원이다. 사폐증이란, 자기가 근무하는 회사의 틀 속에만 갇혀, 주위 상황이나 현실 사회에 무관심한 비현실적인 상태를 말한다.

· 넷째, 작은 일이라도 확실하게 실적을 쌓아 가야 한다.

단 한 번의 기회만을 노리는 유형의 샐러리맨은 하루하루의 작은 일들을 경시한다. 경시하기 때문에 열의가 없고, 일도 적당히 하게 되며 그 결과 실적이 오를 리가 없다. 작은 일에도 실적을 못 올리는 사원에게 큰일이 주어질 리 만무하다. 샐러리맨에게 가장 중요한 일은 실적을 쌓아 가는 것이다. 주어진 일이 비록 하찮더라도 확실하게 실적을 남기는 사원은 신용을 얻게 되며, 신용 있는 사원에게는 다음에 더 큰 일이 주어지게 마련이다.

· 다섯째, 확고한 일의 철학을 갖고 자기 실현을 해야 한다.

샐러리맨은 크게 두 가지 유형으로 나눌 수가 있다.

일을 즐기며 찾아서 하는 능동형과 마지못해서 주어진 일만 하는 수동형이다. 능동형은 직장을 천국으로 생각하지만, 수동형은 직장을 지옥으로 생각한다. 지방이나 다른 부서로의 전근을 좌천으로 받아들여, 이것으로 자기의 샐러리맨 인생도 끝이라고 소극적으로 생각하는 사람이 있는가 하면, 이런 기회야말로 알맞은 충전 기간이며, 실적을 올려 인사고과에 반영시킬 절호의 기회라고 적극적으로 생각하는 사람도 있다. 확고한 일의 철학을 갖고 일을 통해서 자기의 꿈을 실현하는 샐러리맨이야말로 회사가 꼭 필요로 하는 인물이다. 회사는 항상 유능한 인재만을 원하고 있다.

47

자기 계발의 시대, 전략과 방법

야생 오리의 행복과 비극적인 종말

따뜻한 지방을 찾아 날아다니는 철새인 야생 오리 떼가 덴마크의 아늑하고 포근한 호숫가에 날아들었다.

호수 근처에는 외로운 할아버지 한 분이 살고 있었다. 할아버지는 호수를 찾아온 야생오리가 반가워 맛있는 먹이를 그들에게 매일 던져 주었다.

오리들은 행복했다. 따뜻하고 포근한 호수에서 할아버지가 주는 먹이를 먹고 재미있게 놀면서 편안하게 살 수가 있었기 때문이다.

어느덧 계절이 바뀌어 야생오리들은 다시 겨울을 지낼 수 있는 다른 호수를 찾아 장거리 여행길에 올라야 했다. 멀고 긴 여정에 오를 것을 생각하니 걱정과 두려움이 생겼다. 그래서 편안히 먹고 놀 수 있는 그 호수에서 겨울을 그냥 나기로 결정했다.

그러던 어느 날부터 할아버지가 보이지 않았다. 오리 떼에 매일같이 먹이를 주던 그 인정 많은 할아버지가 돌아가셨던 것이다.

오리들은 배가 고팠다. 편안히 얻어만 먹던 오리들은 스스로 먹이를 구할 수밖에 없었다. 사냥을 시작했지만, 그동안 놀고먹어서 포동포동하게 살이 찐 이들에게 날쌘 고기는 통 잡히질 않았다.

게다가 엎친 데 덮친 격으로 무서운 폭우가 쏟아져 산사태가 나고 호수가 범람하는 바람에 살이 쪄 둔해진 야생오리들은 이를 피하지 못하고 떼죽음을 당하고 말았다.

이 이야기는 실존주의 철학자 키에르케고르가 안락한 행복을 추구하는 현대인들에게 주는 하나의 교훈이다.

야생 오리뿐만 아니라 우리 인간도 너무 편안하고 풍족한 생활에 안주하다 보면 자생력을 잃고 만다.

그래서 우리는 자기 계발을 지속적으로 하지 않으면 안 된다.

자기 계발은 현대인의 필수과업

요즘처럼 자기 계발, 평생교육이란 말이 실감나게 느껴지는 시기도 일찍이 없었던 것 같다. 과거 농경사회에서는 한 번 배운 지식이나 기술을 평생 사용해도 되었지만, 산업사회에서 정보사회로 접어들면서 시대의 양상은 달라졌다.

그래서 학자들은 이 시대의 특징을 두 가지 단어로 집약시키고 있다. 그것은 '격변sudden change'과 '경쟁competition'이다. 모든 것이 하루가 다르게 변하는 세상에서 죽지 않고 살아남으려면, 개인이건 기업이건 싸워 이겨 나갈 수밖에 없다. 따라서 자기 계발을 부단히 하지 않으면 안 된다.

자기 계발이란 스스로 능력을 일깨워 끌어올리는 것이다. 따라서 반강제적으로 자신의 능력을 계발시키는 학교 교육이나 기업의 연수교육과는 다르다.

학교 교육은 인생의 원리 원칙만을 가르치고, 기업 연수교육은 기업의 당면 과제를 해결하기 위한 방법과 기술만을 가르치는 일시적인 교육이지만, 자기 계발은 자신의 능력을 계발하여 인격 형성이나 자기 실현을 꾀하는 평생 교육이라는 점에서 다르다. 자기 계발은 현대인에게 필수적이며, 비즈니스맨의 생존전략이며, 삶의 질을 높이는 평생 과업이다.

자기 계발 기본전략

자기 계발을 어떻게 하는 것이 좋을까? 다음은 능률적인 자기 계발을 위한 기본전략이다.

· 첫째, 목표와 자신을 같게 둔다.

자기 계발에서 중요한 것은 자화상이다. 자화상은 성공 또는 실패에 대한 경험이나 그에 따른 타인의 평가, 사회, 학교, 가정에서의 생활 체험 등을 통해 무의식중에 형성된다.
사람은 자화상대로 행동하려는 습성이 있다. 따라서 자신의 목표가 사장이라면 '나 = 사장'이라는 그림을 나라는 캔버스에 열심히 그려야 한다.

· 둘째, 지금 할 수 있는 일에 최선을 다한다.

자신의 목표가 거창하더라도 큰일만을 하려고 하지 말고, 작은 일이라도 지금 당장 할 수 있는 일에 최선을 다하는 것이 상책이다. 가령 최고봉을 정복하는 산악인이 되고 싶다면, 우선 당장 오를 수 있는 작은 산부터 오르는 연습이 꿈만 꾸는 것보다 훨씬 능률적이다. 조그만 일이라도 반복하다 보면 커다란 목표에 이르게 된다.

· 셋째, 한 가지 목표에 집중한다.

'열두 가지 재주에 저녁거리가 없다'라는 말

이 있듯이, 팔방미인치고 성공한 사람이 드물다. 두 마리 토끼를 쫓다가 한 마리도 못 잡는 것은 능력이 분산되기 때문이다. 따라서 아무리 하고 싶은 일이 많고, 재주가 많더라도 한꺼번에 이것저것 욕심을 내지 말고 한 가지 목표에 집중하는 것이 성공의 지름길이다.

· 넷째, 이질적인 사람들을 사귄다.

자신의 목표를 달성하기 위해서나 어려운 일을 할 때 타인의 도움은 절대적으로 필요하다. 따라서 평소에 많은 사람을 사귀어두는 것이 좋다. 그러나 같은 계통의 일을 하는 사람들하고만 어울리지 말고, 되도록 다른 분야에서 일을 하는 이질적인 사람들을 사귀도록 노력해야 한다.

동질적인 집단에서는 1×1×1×1=1이 되어 조금도 변화가 없지만, 이질적인 집단이라면 1×2×3×4=24로 크게 발전하게 된다. 인간관계에서 유유상종은 좋지 않다.

· 다섯째, '할 수 있다→ 해본다→ 해낸다'

의 과정을 실천한다.

세상에는 무엇이나 '할 수 없다'라고 생각해 버리는 사람이 많은데, 이런 사고방식의 소유자는 절대로 성공할 수 없다. 성공의 씨앗은 '할 수 있다'라는 신념이며, 신념은 '해본다'라는 행동으로 발전하고, 행동은 '해낸다'라는 끈기로 지속한다. 이를 통해 성공이란 열매를 거둔다는 사실을 명심하고, 실천하는 사람은 반드시 성공한다.

자기 계발의 세 가지 유형

개인이든 기업이든, 생활의 방법에는 세 가지 유형이 있다.

· 첫째, 현재의 생활에 자기 노력과 의식을 100퍼센트 쏟으며, 그날그날을 보내는 하루살이 형이다.

· 둘째, 현재의 생활에 자기 노력과 의식의 대부분(90~95퍼센트)을 쏟고, 나머지(5~10퍼센트)는 미래를 위해 투자하며 살고 있는 밸런

스(균형) 형이다.

· 셋째, 현재의 생활에 불만을 갖고 노력하지 않으며, 의식의 대부분을 미래에만 쏟고 있는 몽상가 형이다.

언뜻 생각하기에는 현재만을 생각하며, 자신의 모든 것을 지금 하고 있는 일에 전력투구하는 것이 좋을 것 같지만, 이 유형은 자칫 잘못하면 100퍼센트 주의가 되기 쉽다. 지금 하고 있는 일 이외에는 눈 돌릴 여유가 없는 것이다. 그 결과로 우물 안 개구리나 하루살이 삶을 만든다. 따라서 두 번째의 밸런스 형이 가장 이상적이다.

기업이 현재 추진 중인 비즈니스와 관계가 없다고 생각되는 분야의 연구개발에 인재와 돈을 투자하듯이, 개인에게도 자신의 100퍼센트 가운데 최소한 5퍼센트 정도는 내일의 더 나은 자신을 만들기 위한 자기 계발이나 자기 연수 등에 충당할 필요가 있다.

그렇다면, 무엇을 어떻게 투자해야 하는가?

먼저 자기 의식의 5퍼센트 정도를 미래에 투자한다. 인간의 모든 행동은 마음먹기에 따라서 달라진다. 너무 당면 문제에만 급급하지 말고, 마음의 여유를 갖고 앞을 내다보며, 목표를 세워서 노력하는 의식 강화가 선행되어야 한다.

그리고 수입의 5퍼센트 정도를 자기 계발에 투자한다. 뜻을 세워 노력을 한다고 해도 혼자서는 한계가 있다. 따라서 전문가를 사사師事한다거나 책도 보고, 주위 사람들과도 폭넓은 교제를 해야 한다.

시간의 5퍼센트 정도는 자기 연수를 위해 투자한다. 성공의 정석은 뜻을 세우고 돈을 들여서 시간을 내어 노력하지 않으면 안 된다. 성공에는 무임승차가 없기 때문이다.

자기 계발의 추진 방법

자기 계발을 효과적으로 추진하기 위한 방법으로 '4 Self'가 있다.

· 첫째, 셀프 헬프self helf이다

셀프 헬프는 '자신이 할 일은 스스로 한다'라는 것이다. 타성이 붙은 샐러리맨들은 필요한 것, 힘든 것은 회사가 해주기를 바란다. 그러나 자신의 일까지 회사가 해주지는 않는다. 자조와 자립의 노력이야말로 자기 계발의 제1 덕목이다.

· 둘째, 셀프 스타트self start이다

타인의 지시나 자극을 받고 움직이는 것이 아니라, 스스로 시동을 거는 것이다. 셀프 스타트를 하려면 항상 뚜렷한 목표를 가져야 한다. 목표가 없으면 출발할 방향을 모르기 때문이다. 무엇을 위해 어느 단계까지라는 명확한 목표를 설정하고 셀프 스타트할 수 있는 사람만이 결실 있는 자기 계발을 계속할 수가 있다.

· 셋째, 셀프 컨트롤self control이다.

자신의 능력이나 자산을 증진시키기 위해서는 자기 관리를 잘해야 한다.

그러기 위해서는 자신을 중히 여기는 마음

을 갖지 않으면 안 된다. 타인의 유혹에 동조한 결과, 자신의 시간을 전혀 가질 수 없다고 한탄하는 사람들이 많다. 그러나 모든 책임은 자신에게 있다는 사실을 명심해야 할 것이다.

· **넷째, 셀프 드라이브**self drive**이다.**

자기 계발을 하다 보면 자신의 뜻대로 잘되지 않아 의지가 약화하기 십상이다.

'처음 패기는 좋았는데…….'

'도저히 해낼 수 없을 것 같은데…….'

이런 생각이 들 때에는 그저 좌절하지 말고 자신을 격려해야 한다. 격려는 타인뿐만 아니라 자신에게도 용기를 불어넣어 준다.

48

자기개조가 성공을 만든다

미물의 날짐승도 자신을 업그레이드한다

자기 개조自己改造란 자신의 외모, 체력, 능력 등 자신에 관한 모든 것을 스스로 뜯어고쳐서, 새로 좋게 만드는 자기 계발의 하나이다. 인간은 자기 계발을 하기 때문에 만물의 영장이 되었다.

자기개조를 잘하는 동물들 가운데는 솔개가 있다.

솔개는 독수리 과의 겨울철새로서, 몸길이는 약 65센티미터 정도이고, 온몸이 어두운 갈색인데 위쪽은 색이 짙고 아래쪽은 연하다.

부리는 검은 색이고, 다리는 녹색이다. 최고 70년까지 수명을 누릴 수 있는데, 70년까지 살려면 40년가량 되었을 때, 무척 고통스럽고 중대한 결심을 해야 한다.

솔개는 나이 40 정도가 되면 발톱이 노화하여, 사냥감을 예전처럼 날쌔게 잡아챌 수가 없다. 부리도 길게 구부러져 가슴에 닿을 정도가 되고, 깃털이 짙고 두껍게 자라나 날개가 매우 무겁게 되어 하늘로 날아오르기 어렵게 된다.

이때가 되면 솔개는 두 가지 중 한 가지를 선택해야 한다.

무기력한 채 그대로 죽을 날만을 기다리던가, 아니면 매우 힘든 변화의 과정을 수행해야 한다. 그런데 그 수행방법이 대단히 경이롭다.

솔개는 먼저 높고 외진 산꼭대기로 은거하여, 자신의 부리로 바위를 쪼아 부리가 깨져서 빠지게 한다. 그러면 서서히 새로운 부리가 돋아나게 된다. 그다음 새로 돋은 부리로 발톱을 하나씩 뽑아낸다. 그리고 나서 새로 발톱이 돋아나면 이번에는 날개의 깃털을 하나하나 뽑아낸다. 그 고통은 상상을 초월할 것이다.

이렇게 약 반년이 지나면 새 깃털이 돋아나, 솔개는 완전히 새로운 모습으로 변화한다. 젊음을 되찾은 솔개는 다시 힘차게 하늘로 날아올라, 30년의 수명을 더 활기차게 누리게 된다.

억울하고 분하면 실력을 쌓아라

와신상담臥薪嘗膽이란 고사 성어는 '땔나무 위에서 잠을 자고, 쓸개를 맛본다'라는 뜻으로, 목적을 달성하기 위해 온갖 고난을 참고 견디는 것을 비유해 쓰는 말이다. 와신상담은 부차의 '와신臥薪'과 구천의 '상담嘗膽'이 합쳐서 된 말로써 '회계지치會稽之恥'라고도 한다.

중국 춘추시대에 오吳나라와 월越나라가 전쟁을 하였는데, 싸움에서 진 오나라 왕은 죽기 직전에 아들 부차夫差에게 복수를 부탁하였다.

오나라의 왕이 된 부차는 아버지의 유언을 잊지 않기 위해 땔나무 위에서 잠을 자고, 자기 방을 드나드는 신하들에게는 방문 앞에서 아버지의 유언을 외치게 했다.

"부차야, 아비의 원수를 잊었느냐!"

그때마다 부차는 임종 때 부왕에게 한 그대로 대답했다.

"예, 결코 잊지 않고 3년 안에 꼭 원수를 갚겠나이다."

이처럼 밤낮없이 복수를 맹세한 부차는 은밀히 군사를 훈련하면서 때가 오기만을 기다렸다.

이 사실은 안 월나라 왕 구천勾踐은 신하들이 말렸으나 듣지 않고 선제공격을 감행했다. 그러나 복수심에 불타는 오나라 군사에 패하여 회계산으로 도망을 갔다. 오나라 군사가 산을 완전포위하자, 진퇴양난에 빠진 구천은 부차에게 신하가 되겠다며 항복을 청했다. 이때 오나라의 중신이 "후환을 남기지 않으려면 지금 구천을 쳐서 죽여야 한다"라고 간하였으나 부차는 구천의 청원을 받아들이고 귀국까지 허락했다.

구천은 오나라의 속령屬領이 된 고국으로 돌아오자, 항상 곁에다 쓸개를 놔두고 앉으나 서나 그 쓴맛을 맛보며, "너는 회계산의 치욕을 잊었느냐?" 하며 자신을 채찍질하였다. 그리고 오나라 왕 부차를 속이기 위해 부부가 함께 밭 갈고 길쌈하는 농사꾼의 삶을 사는 척하며 은밀히 군사를 훈련하여 복수의 기회를 노렸다.

치욕의 날로부터 13년이 지나 구천은 군사를 이끌고 오나라로 쳐들어가 두 나라는 다시 전쟁이 시작되었다. 그로부터 7년 만에 부차를 굴복시킴으로써 구천은 설욕을 했고, 부차는 자살을 했다.

재미있고 즐겁게 일해야 성공한다

요즈음 진수 테리Jinsoo Terry라는 여성이 두드러지고 있다. 2001년 미국을 대표하는 100대 여성기업인에, 2005년 미국 ABC TV의 '올해의 아시안 지도자 11인'에 선정되고, 샌프란시스코 시에서 '진수 테리의 날'을 선포하는 등 '펀 경영 컨설턴트'로 미국사회에서 성공한 재미교포가 22년 만에 내한했기 때문이다.

서른 살 때 남편을 따라 미국으로 간 진수 테리는 어렵게 한 회사에 취직을 했다. 그녀는 7년 동안 열심히 일을 하던 어느 날 갑자기 해고되었다.

'매출을 3배나 올리는 등 참으로 열심히 했는데, 왜 내가 해고되어야 하나?'

너무도 분하고 억울해서 부사장한테 전화를 했다가 뜻밖의 말을 들었다.

"진수 테리는 열심히 일하고 능력도 좋지만 인간관계를 이해하지 못한다. 한마디로 재미없는 사람이다."

당시 진수 테리의 사고방식은 한국적이었고, 돈도 없었으며, 영어도 잘못했다. 그래도 이 땅에서 살아남아야겠다는 일념으로 일에만 집착했기 때문에, 실적은 있었지만 얼굴에는 웃음이 없고 항상 긴장된 상태였다. 그러다 보니 아무도 자신을 좋아할 리 없었고, 직장의 팀워크에도 문제가 생겼다.

그것도 모르고 처음에는 아시아인이라서 인종차별로 해고된 줄 알았는데, '재미없고 인간관계가 없었던 탓'이라는 자신에게 문제가 있다는 사실을 알고부터 변화하기로 했다.

진수 테리는 호감 받는 사람은 긍정적인 의식과 긍정적인 자세를 가진 사람임을 깨닫고 그대로 실천해 나갔다. 영어를 잘 못해도 '하이'하며 먼저 인사를 했고, 부드러운 미소로 사람을 대하며, 상대의 말에 '와우'하며 감탄사를 보내고, '당신이 최고'라고 상대를 인정해 주었다. 그러자 주위에 사람이 모이기 시작했다. '볼품없던' 여자가 '재미있는 여자, 즐거움을 주는 여자'로 변한 것이다.

자신감을 얻은 진수 테리는 '자신을 변화시킨 방법'을 다른 사람을 변화시키는 기법으로 강의를 하기 시작하였다. 요즘 우리나라에서도 한창 뜨고 있는 '펀 경영 컨설턴트'가 된 것이다. 최고 경영자부터 웃어야 한다는 것을 강조하며, 웃음의 중요성과 웃는 방법에서부터 웃는 얼굴을 만드는 방법 등을 강의하면서 인기 있는 강사로 성공을 했다.

아무리 머리가 좋고, 기술이 뛰어나고, 열심히 노력을 한다고 해도 그것만으로는 부족하다. 인간관계가 좋아야 한다. 펀 경영의 기본은 웃음으로 인간관계를 좋게 하자는 것이다.

웃음은 긍정적인 의식과 긍정적인 자세에서 나온다. 이제는 재미있고, 즐겁게, 웃으면서 일하지 않으면 성공할 수 없는 시대가 되었다.

49

변화하는 시대의 생존전략

앵무조개의 생존비결

앵무조개는 '살아 있는 화석'으로 불리는 연체동물로서 고생대에 번성했는데, 지금까지도 인도양과 태평양의 열대수역에 널리 퍼져 생존하고 있다. 이 조개는 지름이 약 20센티미터 정도이며, 내부는 30~35개의 작은 방으로 나뉘어 있고, 아가리 부위에 연체가 있으며, 주둥이 모양이 앵무새 부리와 비슷하게 생겨서 앵무조개라고 한다. 생물학자들의 관찰에 따르면 이 앵무조개야말로 우리가 인간으로서 계발할 수 있는 모든 특성들을 다 갖추고 있다는 것이다.

앵무조개는 다음과 같은 특성들이 있고 삶을 위해 끊임없는 변화의 노력을 한다.

우선 성장의 계속성continued growth이다. 앵무조개는 새로운 실방을 만들어 자신의 삶과 신체의 공간을 넓혀 가며 일생 계속 자란다.

다음은 적응력adaptability으로 앵무조개는 어떤 극심한 압력 속에서도 자신의 실방 속에 들어찬 물로 압력을 변화시킴으로써 쉽게 적응할 수가 있다. 그래서 어떤 깊이의 물속에서도 살 수 있는 것이다.

그리고 영속성durability을 지녀 앵무조개는 외부세계의 어떤 변화에도, 수백만 년 동안이나 생존해 오고 있다.

다음은 독특함distinctiveness이다. 내부는 물론 외부의 생김새가 독특하다. 겉모습은 크림색의 껍질에 갈색의 물결무늬가 있고, 내부는 진주층 조개의 내장 모습을 하고 있다.

마지막으로 희귀성rarity이다. 앵무조개는

자신의 삶을 실제로 돌보는 데 필요한 시간과 노력을 투자하는 보기 드문 개체라는 사실이다.

우리가 살고 있는 현대는 격변과 각축의 시대이다. 이런 시대에 살아가기 위해서 앵무조개처럼 세 가지 큰 변화에 대처하지 않으면 안 된다.

· **첫째, 세계의 변화이다.**

변화의 물결은 지금 전세계를 휩쓸고 있다. 이러한 국제사회의 변화를 정확하게 분석하는 안목을 익히고 대처해야 한다.

· **둘째, 조직의 변화이다.**

세계적인 변화에 부응하기 위해서 우리가 일하고 있는 조직이 변화하고 있다. 많은 사람이 과거와 똑같은 리더십이나 지원책으로는 반응하지 않는다.

· **셋째, 생활의 변화이다.**

세계적인 변화는 조직의 변화를 가져오고,

조직의 변화는 개인의 삶에 영향을 미치기 때문에 스스로 변신하지 않고는 변화하는 시대에 생존할 수가 없다.

지난 30여 년 동안 우리 주위의 모든 것들이 얼마나 변했는가를 생각해 본다면, 변화의 속도와 범위를 짐작할 수 있을 것이다. 지금 이 시간에도 시시각각으로 세상은 변하고 있다.

자기 발견을 위한 테스트

급변하는 환경에 적응하기 위한 재빠른 변신, 그것은 결코 쉬운 일이 아니다. 그래서 사람들은 변화를 피하려는 경향마저 있으며, 시행착오라는 실패의 경험을 제외하고는 변화에 대해서 잘 알지도 못한다.

그러나 변화하는 사회에 살면서 변화를 거부하는 인간은 낙오자가 될 수밖에 없다. 또한, 인간은 시행착오를 겪으면서 성장한다고는 하지만, 오늘날에는 그 경험의 기회마저도 충분하지 못하다.

경쟁사회에서 승리자가 되려면 변화에 도전해야 한다. 과거를 이해하고, 현재를 관리하며, 미래를 창조하는 생존전략이 필요하다.

생존전략에는 일정한 공식이나 지침서가 없다. 각자 나름대로 전략을 수립하지 않으면 안 된다.

그렇지만, 각 개인의 독창성과 요구와는 상관없이, 변화의 시기에는 다음과 같은 질문들을 하게 된다.

· 나는 누구인가?
· 나는 왜 여기에 있는가?
· 나는 어디로 갈 것인가?
· 어떻게 그곳에 닿을 것인가?
· 우선해야 할 사항은 무엇인가?
· 새로운 비전이란 어떤 것인가?
· 내가 비전 안에 들어갈 공간이 있는가?
· 들어가기에 내가 적당한 사람인가?
· 나는 무엇을 더 배워야 하는가?
· 어떻게 제어를 할 것인가?

· 어떤 것을 바꿔야 하는가?
· 어떤 것을 포기해야 하는가?
· 내가 여기에서 어디로 성장해 갈 것인가?

이 질문에 대한 해답은 변화 과정의 이해와 효과적으로 변화에 대처하고 새로운 것을 창조할 수 있는 전략 수립의 기초가 된다.

우선 변화를 위협이 아닌 기회로 보며 자신의 감정과 동기, 만족스러운 삶의 질을 관리할 수도 있다. 그리고 자신의 가치관과 비전을 발전시키며, 에너지를 새롭게 한다. 아울러 시간과 자기 관리의 기술도 향상시킬 것이다.

생존전략을 위한 원칙

생존전략을 위한 원칙들은 결코 복잡하거나 미묘한 것이 아니다. 자신의 성장과 관리의 중심문제일 뿐이다.

변화는 때로 고통을 동반하지만, 성장하고 비전을 강화시키며 실적을 올리는 기회가 될 수 있다.

다음의 열 가지 사항을 숙지하여 실천하면 당신은 분명코 성공한 사람의 대열에 들어갈 수 있다.

- **첫째, 시간time 관리를 잘한다**

자신이 해야 할 일 중에서 우선 사항이 무엇인지를 알아야 한다. 우선순위를 정하지 않고 닥치는 대로 일을 처리하면 가장 가치 있는 시간을 낭비하기 십상이다.

- **둘째, 가치values를 올바르게 가진다**

자신의 가치에 대한 질이나 깊이는 자신에 대한 중요한 척도가 된다. 따라서 자신의 가치를 명확하게 나타내야 한다.

- **셋째, 활기vitality 있게 행동한다**

활기 있게 사는 것은 성공하려는 사람의 기본이다. 활기는 집중력에서 나오고, 집중력은 단순한 행동에서 나오며, 단순한 행동은 자신과의 약속을 지키는 데서 나온다.

- **넷째, 목적purpose을 분명하게 설정한다**

목적 없는 행동은 에너지를 낭비할 뿐이다. 분명한 목적의식은 지속적인 의무 부여와 만족감을 만들어 낸다.

· **다섯째, 경력**career**을 잘 관리한다**

성취감을 느끼고 싶다면, 자신의 가치에 걸맞은 환경에서 재능을 정열과 흥미로 연결하는 것이 중요하다.

· **여섯째, 정신력**spirituality**을 발휘한다**

분명한 목적의식은 정신력과 지속적인 관계를 맺고 있어야 한다. 육체는 한계가 있지만 정신력은 무한하다.

· **일곱째, 건강**health**을 잘 관리한다**

건강은 모든 활동의 근원이다. 건강을 지키는 열쇠는 똑같은 일을 계속하지 않는 것이다. 삶의 에너지는 정형화된 행동에 의해서 생성되기도 하지만 파괴될 수도 있다. 따라서 새로운 도전과 활동이 중요하다.

· **여덟째, 재능**talent**을 개발한다**

자신의 재능을 인정하고, 그것들을 제대로

사용하고 있는지 점검할 필요가 있다. 자신의 일과 재능이 합쳐진다면 보다 활력 있는 삶을 살게 될 것이다.

· 아홉째, 인간관계relationship**를 원만하게 한다**

세상에 독불장군은 없다. 자신의 직업이나 인생에 도움을 줄 사람들과 돈독한 인간관계를 만들어야 한다. 성공한 사람들의 85퍼센트가 인간관계를 잘한 사람들이다.

· 열째, 금전money **관리를 잘한다**

무슨 일이든지 그 일을 하는 데는 반드시 자금이 필요하며, 자본주의 사회에서 성공을 재는 척도가 바로 돈이다. 그러나 더러운 졸부는 오래가지 못한다. 깨끗한 부자는 누구나 추구하는 값진 것임을 명심할 일이다.

50

행복한 삶을 사는 방법

행복은 어디에 있을까?

아주 먼 옛날에 지혜를 남용하는 인간들을 보다 못한 현인賢人들이 회의를 열었다. 회의 안건은 '인간에게서 행복을 빼앗아 어디에 숨길 것인가?'였다.

한 현인이 먼저 제안을 했다.

"행복을 땅속 깊이 숨깁시다. 그러면 인간들은 찾아내지 못할 것입니다."

그 말을 들은 다른 현인이 반대를 했다.

"안 됩니다. 인간은 아마도 땅을 다 뒤집어 파서라도 발견해낼 겁니다."

또 다른 현인이 의견을 냈다.

"그러면 바다 속 깊이 숨깁시다. 깊은 바다에 숨기면 인간은 찾지 못할 겁니다."

이 말에 다른 현인들이 입을 모아 반대했다.

"안 돼요, 바다 속에 숨긴다고 인간이 못 찾아낼 것 같소? 그들은 바다 속도 다 뒤져서 찾아내고 말 거요."

"그러면 가장 높은 산꼭대기에 숨깁시다."

"산꼭대기라고 인간이 무서워할 것 같소? 아마 이 세상 어디에다 숨겨도 인간들은 꼭 찾아내고 말 거요."

현인들은 한숨을 지으며 이리저리 궁리를 해보았지만, 시간만 흐를 뿐 묘안이 떠오르지 않았다. 그때 한 현인이 말했다.

"아주 적당한 곳이 있습니다. 인간의 마음속에 숨기는 겁니다. 인간은 지나치게 똑똑하여 외부의 그 어떤 곳에 숨긴다 해도 다 찾아내겠지만 자기의 마음속은 모를 겁니다."

이 제안은 만장일치로 통과되어 결국 행복은 인간의 마음속에 자리 잡게 되었다는 것이다.

행복이란 과연 무엇일까?

야생 나귀가 비바람이 치고 눈보라가 날리는 사나운 날씨 속에서 깔깔한 풀만 먹고 살다가, 우연히 마을로 내려와 어느 외양간에서 한가롭게 맛있는 먹이를 먹고 있는 집 나귀를 보고 부러워한다.

그러던 어느 날 비지땀을 흘리며 무거운 짐을 끌고 가면서도 매까지 맞는 집 나귀를 목격하고 야생 나귀는 깨닫는다.

'참으로 가엾은 일이군. 저런 걸 모르고 괜히 집 나귀를 부러워했잖아. 아무리 깨끗한 집에서 맛난 먹이를 먹고 지낸다고 해도, 저런 괴로움을 당해야 한다면 결코 행복할 수는 없지.'

남의 행복을 부러워할 필요는 없다.

세상에 완전한 행복, 절대적인 행복, 영원한 행복은 없고, 또 슈퍼마켓이나 백화점에 가서 '행복 한 근만 싸 주세요' 한다고 해서 가질 수 있는 물건이 아니기 때문이다.

어떤 사람은 행복의 대상이 쾌락에 있다고 한다.

그러나 낭만파 시인 바이런은 어느 누구보다 쾌락의 인생을 살았지만 "벌레 같은 인생, 고민 그리고 슬픔이 나를 괴롭게 만든다"라고 했다.

어떤 사람은 행복이 물질에 있다고 한다. 그러나 백만장자 제이 골드는 죽을 때 "아마도 세상에서 제일 불쌍한 사람은 바로 나일 것이다"라고 했다.

어떤 사람은 지위와 명예에 있다고 한다. 그러나 베콘스 필드는 이 두 가지를 다 갖추었지만 죽을 때 "젊었을 때는 실수투성이였고, 중년에는 투쟁뿐이었으며, 이제 늙으니 후회뿐이다"라고 하였다.

어떤 사람은 승전勝戰의 영광에 있다고 한다. 그러나 알렉산더 대왕은 가장 넓은 땅을 정복했지만 "이 땅에는 더는 정복할 곳이 없구나"라고 했다.

어떤 사람은 아름다움에 있다고 한다. 그러

나 마릴린 먼로는 생전에 뭇 남자들을 사로잡았지만 쓸쓸한 죽음을 맞이했다.

행복을 한마디로 정의를 내리긴 어렵지만, 이 세상을 살아가면서 순간순간을 정말로 멋지다고 느끼는 자기 만족의 상태가 아닐까? 행복한 순간만큼은 모두가 세상 부러울 것 없는 환한 표정을 짓는다.

행복한 장수의 비결

1996년 1월 20일, 미국의 매스컴들은 '할리우드 최초 100세 스타 탄생'을 기리기 위해 앞다투어 특집을 만들었다. 그 주인공은 동그란 뿔테 안경과 입에 문 굵다란 시가, 단정한 앞가르마와 다소 고집스러운 얼굴을 가진 '조지 번스'이다.

100세. 곧 한 세기를 살았다는 것은 보통 사람이라도 뉴스감인데, 그 나이가 되도록 은퇴를 모르고 한 길을 걸어오며, 꾸준한 인기를 누려 온 할리우드 최고령 스타에게 경의와 찬

사를 보내는 것은 당연지사이다.

1896년에 태어난 조지 번스가 타고난 끼를 발휘하며 처음 무대에 선 것은 1910년이다. 그리고 무려 86년 동안 팬들에게 웃음을 안겨주었다. 그에게 최고의 단짝은 아내이자 동료였던 그레이시 앨런이다. 1922년에 결혼한 두 사람은 1950년대 〈번스 앤드 앨런 쇼〉로 브라운관을 평정했으며, 그레이시가 세상을 떠난 1964년 이후로는 아내의 사진을 지니고 다니며 더욱더 왕성한 활동을 보였다.

번스가 밝히는 장수의 비결은 '하루 15개비의 시가와 더블 마티니 두 잔'이다. 남들이 뭐라고 하던 자신에게 맞는 규칙적인 생활이 젊음과 건강을 유지해 준다는 것이 그의 충고였다.

몇 살까지 살고 싶으냐는 질문에 번스는 엉뚱하게도 '내기에 이길 때까지'라고 대답했다. 내기란 몇 년 전에 여덟 살 아래인 후배 보브 호프와 "누가 더 오래 사는지 두고 보자. 지는 사람이 이기는 사람에게 5만 달러를 주기로 하자"는 것이었는데, 번스는 꼭 이기겠다고 장담했다.

번스의 경우에서 보듯, 남에게 웃음을 선사하고 낙천적이면서도 의욕적으로 활동하는 것이야말로 장수의 비결이 아닐까 한다.

행복한 삶의 방법

세계에서 가장 매력적인 코미디언이며 컨트리 싱어인 조지 번스가 내린 '행복의 처방전'을 소개해 본다.

이는 우리 나이로 101세까지 젊은이들 못지않게 노익장을 과시하며 행복을 만끽한 인생 달관자의 처방이다.

'남자가 행복해지려고 하면, 먼저 자기 아내를 행복하게 만들어 주어야 한다.'

이렇게 전제하고서 행복해지는 방법 아홉 가지를 제시한다.

· 첫째, 집에 돌아가거든 직장에서의 문제는 말하지 말고, 그 대신 부인의 걱정거리를 들

어줄 것. 그러나 걱정거리의 원인이 당신에게 있다면 그 이야기를 들춰내지 말아야 한다.

· 둘째, 아내에게 실제치수보다 2단계쯤 작은 스웨터를 사가서 놀라게 할 것. 물론 아내가 입을 수 없는 그 스웨터는 회사 여직원에게 주면 된다.

· 셋째, 아름다운 여배우가 나오는 영화를 보다가 갑자기 이렇게 말할 것. "여보! 이제 돌아갑시다. 저 여자의 매력이 도대체 어디에 있다는 거지?"

· 넷째, 식탁에서는 신문을 읽지 말고, 아내에게 대화를 걸 것. 특별한 내용이 아니라도 좋다. 무슨 말이든 한다는 데 의의가 있다.

· 다섯째, 아내의 생일과 결혼기념일, 처음 데이트한 날, 처음 여행을 간 날 등 주요 기념일을 결코 잊지 말 것. 그리고 또 하나 잊어서 안 될 것은 그런 날들을 잊어버렸을 때 당신이 아내에게 어떤 대우를 받았는가 하

는 것이다.

· 여섯째, 사람들이 모인 자리에서 아내를 칭찬할 것. 공공장소에서 당신이 얼마나 아내의 판단에 의존하는지 또는 아내의 지적知的 센스를 인정해 주는지를 표현한다. 아내가 없는 자리에서는 당신이 뭐라고 말하든 상관없다.

· 일곱째, 사소한 용건을 이야기하기 위하여 직장에서 하루에 서너 번씩 집으로 전화할 것. 그리고 주 1~2회 정도는 점심을 함께 먹는다.

· 여덟째, 아내와 함께 제2의 신혼여행을 갈 것. 이번에는 아내가 부끄러워하여 목욕탕에서 나오지 않는다고 해도 별로 신경 쓸 일은 없을 것이다.

· 아홉째, 만일 여기까지 나온 아이디어를 모두 써 보았는데도 실패했다면, 그런데도 아내를 행복하게 해주고 싶다면, 당신이 가출하는 방법밖에 없다.

행복의 실현을 위하여

고대의 철학자 소크라테스는 이렇게 말했다.

"행복을 자기 자신 이외의 것에서 발견하려는 사람은 불행한 사람이다. 잘되겠다고 노력하는 그 이상으로 잘사는 방법이 없듯이 행복해지려고 노력하는 그 이상의 행복은 없다."

행복이란 순간순간 맛보며 느끼는 삶의 과정이다.

우리는 어떤 일의 성취감으로 기쁠 때, 고통으로부터 해방되어 편안할 때 행복감을 느낀다. 마음속으로 현재의 생활이나 지금의 인생행로를 있는 그대로 받아들일 때 인간은 행복해질 수가 있다.

아리스토텔레스는 행복에 대해서 "행복은 자주自主, 자족自足에 있다"라고 했고, 철학자 칸트는 "행복을 추구하는 것도 중요하지만, 행복을 누릴 자격이 있는 사람이 되는 일이 더 중요하다"라고 했다.

다음은 행복을 실현하는 방법이다.

· 첫째, 공연한 근심을 하지 않는다.
근심은 백해무익이다. 인간이 근심하는 것의 80퍼센트는 현실에서 일어나지 않는다고 한다. 평범한 하루하루의 건전한 생활이 행복으로 가는 지름길이다. 하루를 충실하고 즐겁게 생활하도록 노력할 일이다.

· 둘째, 욕망의 노예가 되지 않는다.
백 관貫이나 넘는 소망 속에서 겨우 한 근斤 정도의 행복을 건질 수 있는 것이 인생이라고 한다. 욕망이 크면 실망도 크다는 사실을 명심할 일이다.

· 셋째, 오늘 할 일을 내일로 미루지 않는다.
'내일'이란 말은 영원한 미래일 뿐 인생은 짧다. 행복은 적금을 타듯이 저축을 했다가 한꺼번에 만끽할 수 있는 것이 아니다. 현재에 충실할 일이다.

· 넷째, 가난을 합리화시키지 않는다.
'더러운 부자보다는 깨끗한 가난뱅이가 낫

다'라는 말도 있지만, 깨끗한 가난뱅이보다 더 나은 것은 깨끗한 부자이다. 풍족함은 행복의 비료이다.

· **다섯째, 희망을 품는다.**

절망은 불행의 씨앗이고, 희망은 행복의 씨앗이다. 인간에게 최고의 행복은 희망적인 삶이다.

■ 지은이 _**김양호**(Kim Yang-ho)

김양호(金良灝) 박사는 1943년 서울에서 태어나 동국대학교 법학과와 경영대학원을 졸업했다. 1971년 사회단체 〈한국언어문화원〉을 창립하여, 전국 24개 도시에서 〈언어교양대학〉 〈인생대학〉 〈스피치강좌〉 등을 개최하여 100만 명 이상의 수료생을 배출하였다.

그의 이름은 국내 주요언론의 인명록에는 물론, 영국 국제인명센터(IBC)가 선정한 〈21세기의 탁월한 지성인(2001년)〉과 〈신화적인 현존인물(2003년)〉에 등재되었으며, 미국 마르퀴스(Marquis)의 〈Who's who in the world〉에 2001년부터 2006년까지 연속 등재되어 있다.

주요 경력

한국국어교육학회와 밝은가정협의회 이사, 국제 TM클럽 한국회장, 월간 《언어문화》와 계간 《산업교육 2000》의 발행인, 한국산업교육연합회 회장 등을 역임했다. 현재 한국언어문화원 원장과 전국웅변인협회 수석부총재, 중국 랴오닝대학 명예교수이며 중앙대학교 산업경영대학원 객

원교수, 이화여자대학교 평생교육원 교수로 출강 중이다.

주요 저서

《상대를 움직이는 대화의 심리작전》《자기 계발을 위한 135작전》《성공하는 직장인의 매너와 화법》《대중화술의 비결》《성공하는 비결은 엉뚱한 데 있다》《화술과 인간관계(시리즈5권)》《스피치대백과사전》《강사의 화법》《성공적인 삶을 위한 아주 특별한 자기와의 대화》《세일즈 혁명》 등 70여 권의 저서와 역서가 있다.

수상 경력

서울특별시장상, 국방부장관상, 국민포장, 국제평화상 등이 있다.

지은이 연락처

한국언어문화원 (02)743-8288

홈페이지 www.speechq.com

VOICEYE
voiceye.com

성공하는 사람은 생각이 다르다 [큰글자도서]

발 행 일 : 2012년 7월 23일
지 은 이 : 김양호
발 행 처 : BF북스
발 행 인 : 김동복
등록번호 : 제324-2011-000027호
주 소 : 서울시 성동구 아차산로 17길 48, SKV1센터 1동 420호
전 화 : 02)3426-7500
팩 스 : 02)3426-7502
전자우편 : book7500@naver.com
홈페이지 : http://www.kbraille.net

ISBN 978-89-6700-007-3

잘못된 책은 바꾸어 드립니다. 값은 뒤표지에 있습니다.